前言

※

PREFACE

宝贝女儿长大了

时光荏苒，不知不觉孩子就长大了，进入了青春期。青春期是自我身份认同、情感发展的关键期，随着"第二性征"的出现，女孩子的情绪及言行都会出现极大的困扰或变化。她会拥有自己的小秘密，把自己的内心世界对成人封闭，拒绝成人的探视，力图摆脱成人的控制，这就是心理学上所说的"心理闭锁"现象。同时，与异性的关系也会变得神秘而紧张起来，从原来对异性的有意疏远，到逐渐开始喜欢和异性接触。

即使是很乖巧的小女孩也会突然变得敏感，尤其是与父母的关系。如果父母尊重她，给她充分的自由让她表达自己的想法并对她给予实际的中肯的建议，她就会把自己的秘密与父母分享，否则，她会把自己的秘密藏起来。父母如果不经她同意，偷看日记，偷听电话，刺探她的小秘密，她就会与父母翻脸，把父母当仇人，再也不会跟父母讲任何心事。

很多朋友对我与女儿能融洽相处感到惊异，尤其知道我与女儿讨论的话题会涉及一些敏感问题时，大都感到更诧异，觉得我跟女儿的关系实在太开放了。其实与女儿的关系关键就在于尊重和信任。我们给她足够的尊重和信任，在她遇到问题时，我们与她的关系更像是朋友。我们会帮她分析不同选择可能带来的种种后果，然后让她自己决定应该怎办，而不是帮她拿主意。

这样做有一大好处，就是让孩子感觉到自己是自己的主人，能感受到来自父母的尊重。当父母陈说利害后，她们会参考父母的意见，慎重地做出决定。

现代社会足够开放，孩子很小的时候就已经知道了爱情、性等问题，但大多数父母不可能开诚布公地跟孩子讨论这样的问题，一来父母总觉得孩子还小，什么都不懂；二来父母也羞于跟孩子讨论这种事情。其实，性不是家庭交流的禁忌，父母自如地和孩子坦然交流性的知识，孩子首先就已经在民主宽松、温馨和谐的家庭氛围中习得高尚、人道的性交流方式。如果学校和家庭缺失了性教育，那么孩子可能会从网上得到一些不专业的性知识指导，有时甚至是误导。

对待青春期的孩子要像对待朋友一样，尊重她，专心听她倾诉，听取她们的意见、想法，对于她们的看法或奇思妙想，不要直接否决，而是要认真听完，再进行分析，给予自己的建议。人都喜欢遵从自己的想法，尤其青春期的孩子，本身就因为要求独立而叛逆，父母替她做决定只会适得其反。信任孩子，让孩子自己思考、做出决定，相信孩子能够处理好自己的事情。在生活上把她当朋友，跟她谈自己的见闻、看法，与她分享自己的喜怒哀乐，把她当成知心朋友。

尊重、信任、欣赏自己的孩子吧，孩子是上天赐给我们的最好礼物。谨以此书献给我的女儿以及所有的女孩和妈妈。希望我的孩子健康成长，也希望所有女孩和她的妈妈幸福。

作者

2022.6

目录

✳
CONTENTS

|学习篇|
坚持学习，离成功更近一步

|公共礼仪篇|
守规则懂礼仪，为美好形象加分

|品德修养篇|
善良的女孩最美丽

|社会关系篇|
女孩要培养自己的高情商

｜生活常识篇｜
从内心到外在，懂生活的女孩更有魅力

｜爱情篇｜
青春期的女孩该如何看待爱情

| 妈妈必读 |

| 个性篇 |

自信、坚定、优雅，
做内心强大的优秀女孩

每个女孩都是一朵美丽的花。她们温柔、善良、甜美、细腻、沉静、纯洁。但是，并不是所有的女孩都能把握上天的恩宠，把自己的优点发挥出来，让自己更有魅力。有的时候，她们会误入歧途，糟蹋了自身的美。

正如鲜花需要栽培才会更美一样，美玉同样需要工匠的精心打磨，才能展示出真正价值。要让女孩子发挥自己的美，母亲就要帮助女儿发掘她们的优点，同时，在女儿成长的过程中，用爱心、时间、精力作为肥料，浇灌女儿那颗苗壮成长的心灵，让她们变得更鲜艳、更美丽。

接纳并肯定自己

※

　　一位妈妈对我感叹，说自己的女儿没有一点女人味，从来不穿裙子与皮鞋，只穿运动鞋和牛仔裤，头发老是剪得短短的，行为举止都像男孩子；虽然说现在流行中性美，但女儿这样的打扮，实在让她接受不了；更让她受不了的是，女儿经常对她抱怨，自己为什么是女孩，如果是男孩那该是多么开心的事。

　　这位妈妈的担心不无道理。随着父母教育子女态度的变化及社会某些因素的影响，现在的一些女孩子越来越趋向中性化。女孩子更独立，更有主见，具备更强的独立意识固然是好事，但如果女孩子厌恶自己的性别，那样就未免太过偏激。

　　妈妈首先要让女儿明白女性生来就与男人不同。我的女儿丹丹也曾有过对自己性别的厌恶期。当女儿出现对于性别的厌恶时，我没有急于求成，强迫女儿喜欢自己的性别，而是慢慢让女儿习惯并接受自己的性别。

　　如果女儿对自己的性别表示反感时，妈妈可以用自己的经历告诉女儿做女人也是一件很快乐的事情。当丹丹告诉我她讨厌自己是女性时，我告诉她，接纳自己，才会拥有幸福的生活。我还告诉了她我自己的亲身经历。18岁时，我在日记中写道："作为女人，我首先是个人，然后才是女人。"以后的20年中，我努力想抛弃自己的性别特征，几乎忘记了自己是个女人，有时比男人还要男人。但生活告诉我，我错了。38岁以后，我一直在寻找生活的答案，我错在哪里？当我一个人静下来，我才发现所有的不幸福都是我对自己身份的不认同引起的。如今的我会说：女人，首先是个女人，然后才是一个幸福的人。

其次，从日常生活中的一些事实向女儿说明做女人很开心。比如，女人的衣服样式很丰富，有很多化妆品、护肤品挑选。女人的天生特质更是男孩无法拥有的。女人胸部会发育、会有月经，女人会怀孕、生小孩，这是男人不可能做到的。上天给予女人美丽、温柔、敏感、智慧等特征，就应该去接纳，而不是否定。

女性本身的特质不能丢弃。这些特质都是上天赋予每个女人的财富。正是因为我认识到这个事实，从自己的行为上改变自己，如今的我才拥有别人羡慕的幸福家庭。

当然，教育女儿接纳自己不能急于求成，而是要在生活中让女儿慢慢接受性别的差异，并认同自己的性别。只有女儿充分接纳自己的性别，她才会为自己身为女性而感到自豪，自然也就更能发挥女性的特长，从而立足于社会，取得成功。

自信是美丽的绝佳后盾

爱美之心，人皆有之。美丽，是上苍赋予女人的礼物。青春期的孩子已经很懂得爱美了。

有段时间，我的女儿丹丹没事就喜欢照镜子，看看自己的头发有没有型，脸上有没有痘痘，出门只要能有反光的地方，都会瞄一眼，看看自己美不美。以前从不关注的护肤品，现在也格外关心，保湿的、美白的、滋润的……怎么用，怎么保养，说得头头是道。即便如此，她偶尔还是会对我抱怨，自己的鼻子不够挺，嘴巴太大……

女儿的行为告诉我，她长大了。青春期少年喜欢把自己视为舞台主角，把他人都想象为紧盯着自己一言一行的观众，所以她们希望成为人群中最完美无缺的那一个，成为人们眼中的焦点。

对于女儿的行为，我能理解；对于女儿的抱怨，我没有表示反对。的确，女儿的外表并不是很完美，但是我很喜欢女儿长成这样的外表。她是独一无二的。我告诉她，外表确实重要，但自信比外表更重要。世界上天生丽质的女人是珍稀物种，少之又少，几乎每个女人站在镜前都能挑出外表上的缺点，都不会百分之百满意。正所谓千人千脾气，万人万模样。如果都用一个标准衡量，都追求一个目标，那么，世界就是单调的、极端的、不和谐的了。

外表有缺点很正常，毕竟天生丽质的人少之又少，但外表的缺点可以通过内在气质的提升而改变。有的女性，外表很漂亮，也很会穿衣打扮，给人的第一印象特别好，但因为不自信，缺乏气质，接触久了，让人觉得越看越"丑"。而另外一些女性，她们外表并不出彩，或许脸上有痘痘，或许身材有些臃肿，但因为她们有深厚的学识、优雅的气质，她们在举手投足之间，都给人一种舒服的感觉。跟她们在一起，你不仅不会觉得她们不漂亮，反而觉得她们很美。这就是内在美与外在美的差别。内在美能带来自信，有了自信就能接纳自己不完美的外表，不断提升自己的内涵，不断丰富自己的人生经历，努力塑造完美的人格魅力，使自己成为充满自信、健康、聪明的"美女"。

当然，自信并非是与生俱来的，自信也需要培养，尤其对于青春期的孩子来说，培养她们的自信更重要。无条件接纳孩子的优点和缺点是培养孩子自信的前提条件。当孩子出现种种不自信的表现时，父母要多鼓励，而不是批评和指责。

换牙后，丹丹的牙齿很不整齐，于是，我带她去安装了牙套。刚开始戴牙套的时候，她特别不适应，周围同学都笑话她，她自己也很难过。但我告诉她，现在的"难看"正是为了日后的"好看"，一段时间后，她也适应了。两年后，牙套取下来，看着一口整齐的牙齿，她自己感到特别开心。这件事也让丹丹懂得，有时候经历一小段时间的痛苦会换来长时间的快乐。这让她找到了自信，找到了快乐，不仅生活上有了信心，对学习也热爱起来。

青春期的孩子爱美是正常的，父母不要动不动就挑她外表上的缺点进行打击，这样做可能会毁掉孩子的信心。要知道，一旦失去信心，孩子就会越来越痛苦，到时候就算有再多的金钱，再好的条件，也无法改变。与其以后痛苦，不如现在就注重培养孩子的信心。

如果孩子出现自卑情绪时，父母要努力帮助孩子消除这种自卑感。父母不要贬损孩子，因为成人的贬抑性评价，是使孩子产生自卑感的一个重要的外部刺激因素。要让孩子相信自己的能力，多给予肯定的评价，多进行表扬与鼓励。母亲让孩子了解自己的优点和长处，在与人交谈和交往的活动中，要告诉她们尽可能选择自己擅长的话题与活动项目。这样不仅有话可说，而且可以充分显露自己的一技之长，从而体验到"我能胜任"的愉悦感。

当孩子遇到挫折时，父母更要宽容、豁达。人生不是一帆风顺的，总是会遇到这样那样的问题，出了问题要让孩子冷静地分析原因，然后想办法去克服困难。告诉孩子，不管做什么事情，都不能操之过急，要给自己一个可能达到的目标。还可以把目标分解为一个个子目标，让自己分阶段完成，这样就容易打胜仗，提高自信心。如果一遇到问题就逃避，或自暴自弃，只会让自己越来越自卑。

当孩子出现自卑情绪时，父母可以帮她打开交际圈，让孩子积极与他人交往。这是因为，一个人独处，心理活动的范围、内容会变窄变小，只能翻来覆去地想某几个问题，加上个人认识的局限，就会使心理活动走向片面，从而陷入深深的自卑之中不能自拔。而与人积极交往就不同了，在与他人交往的过程中，自己的注意力会被他人所吸引，心理活动就不会局限于个人的小圈子里，性格就会变得开朗。此外，通过与人交往，能正确认识他人的长短处，并通过比较，正确认识自己，调整自我评价，学习他人的长处，减少自卑感。

总之，孩子的自信不是与生俱来的，它需要一步步地建立。在女儿建立自信的过程中，母亲在其中扮演着至关重要的角色。母亲的鼓励和暗示能让孩子接纳并肯定自己，让孩子的未来变得越来越美丽。

个性不等于美

※

曾经看过一张照片，一个初中毕业班的孩子把班上的毕业照放在网上，所有的孩子都穿着奇装异服，头发染得五颜六色的。孩子的本意是把照片放到网上炫耀一番，结果这张照片却引来了一片批评的声音，原因就是这样的装扮实在不符合社会主流的审美观。

很多女孩子，就喜欢追求新奇另类的东西，发型上也喜欢追求所谓的流行。之所以会这样，首先，随着年龄的增长，第二性征的出现给她们的心态造成了冲击，她们面对自身的变化常常感到不知所措，从而产生了浮躁心态和对抗情绪。同时也因为自我意识和好奇心的增强，加之社会、媒体的冲击，促使青少年对许多东西产生兴趣，她们便要通过表现个性、追逐潮流来满足自我意识和好奇心。

其次，这个年龄段的孩子心理状态呈现青春期心理的特殊性，她们觉得这个时候的她们已经像个成年人，因此在面对问题时她们常常呈现一种幼稚的独立性。在这样的状况下，社会和家庭传统教育的一些弊端就会阻碍她们自身健康发展，产生叛逆心理。

所以，作为母亲，应特别关注女儿的心理健康，帮助女儿克服一些成长过程中由于生理或心理的变化而产生的不良情绪，帮助她们健康地度过人生的关键阶段。如果女儿不被社会主流价值取向的父母或群体所接纳，必然会转向非主流乃至反社会群体去寻求肯定与接纳。

对于父母来说，要想帮助孩子走出成长中的困境，就需要与孩子建立平等、和谐的无障碍沟通关系，让她们愿意向父母敞开自己的心扉。孩子只有感受到父母对自己理解和尊重时，她们才愿意对父母说出自己的想法和困惑，认真听取父母的意见和建议。因此，父母在与孩子沟通时需要做到以下几点。

1. 理解和宽容孩子的青春期反抗行为。随着身体的发育，她们已经开始意识到自己不再是个小孩子，自我意识的发展会使她们迫切希望得到成人的理解、尊重，得到社会的认可，要求成人对她们平等相待，给她们足够的信任，自己的事情自己做主。这是青春期的孩子个性发展的转折点。作为家长，如果不能正视女儿的心理需求，不能使她的独立意识、独立人格得到满足，她们就会产生很深的挫败感，从而造成人格上的缺陷，心灵的大门也就不愿意向大人敞开，反抗或我行我素的行为也会日益加深。

2. 尊重孩子的想法，认真对待孩子的意见和建议。孩子的想法无论多么幼稚，毕竟是来自孩子独立的思考，对此应该给予鼓励和尊重。比如：无论孩子说什么，你一定要耐心倾听，这是对她人格的尊重，也是你了解她，以便对症下药解决矛盾的有效途径。在此过程中，你应克制自己的情绪，让她把话讲完，避免打断她或指责她而引起她的不快。当然了，对孩子的话你不能无动于衷，听见了就算完事。你必须对她给出的意见做出反应，比如她表达完自己的意见后，家长应当给予积极的评价：这个想法不错，或这里还不太完善，需要改进等。这样的方式可让孩子心情愉快，充满成就感，有利于双方的情感交流。

3. 对于孩子那些有失偏颇的想法，父母要耐心告诉孩子自己对此事的看法，以及自己不赞同的原因。杜绝简单的否定，或以长辈的身份粗暴地压制孩子的意见。

4. 当孩子因不理解父母所讲的道理而固执己见、一意孤行的时候，父母可以选择一些不会造成严重后果的小事，让孩子到实践中尝试，要舍得让孩子吃苦头。摔了跟头后，孩子会信服父母的判断和预知能力，愿意接受父母的指导和建议，提高自身的生存能力。

对于妈妈而言，女儿青春期的偶尔"叛逆"是很正常的事情，这说明她长大了，会独立思考问题了，这也是成长的标志。但是，妈妈要让女儿知道父母固然会理解你的这种行为，但理解并不代表心里不难过。所以，如果孩子在成长的过程中，家长有了什么想法，要直接向孩子表露出来，不要让他们去猜，更不要对她们横眉冷对。毕竟，父母也需要女儿的理解与关心。

做有内涵的魅力女人

有一次，与女儿在机场碰到一个年过花甲的老太太。老太太的行为举止非常优雅，就连东西掉地后拾起的动作都给人一种高贵的感觉。机场很多人都被她高贵的气质所吸引，她赢得无数赞许的目光。女儿也深深地被她吸引了，当我们讨论起这个话题时，女儿由衷地跟我说，有魅力的女人真美。

确实，在我们的生活圈子中，常常会发现有这么一种女人，只要她们一走进某一个圈子，就会吸引好多人的目光。人们都希望能与她们交朋友，主动上前聊天，尽其所能地为她们服务。

这样的女性犹如一道美丽的风景，不仅能吸引男性，也能赢得女性的赞赏。其实，她们的这种吸引力就是内涵。一个女人只要拥有内涵，那么就算她的长相再平凡，也可以变成一个具有魅力的女人。

外貌不佳并不重要，拥有独特的气质才能让女人拥有永久的魅力。一个女人的容颜会随着岁月的流逝而褪色或荡然无存，如果想要得到他人的欣赏，就必须要有丰富的内涵和极致的韵味。林清玄在《生命的化妆》一书中提到女人一生的化妆有三个层次，其中第二层次就是改变本质，培养内涵。对于女孩而言，改变本质，培养内涵就需要多多阅读，多多欣赏一些经典文学作品，多思考，多交流，多关注当下，关注时事，养成良好的生活方式，拥有一颗乐观的平常心。

首先，我们必须知道，阅读是提升女孩内在美的基础。妈妈可以在休闲的时间，多带女儿去书店逛逛，买一些经典的文学作品。因为这些经典的文学作品往往塑造出了经典的人物形象，他们的性格，他们的故事往往能够引起人们的深思。对于年轻的女孩来说，这种思索是难能可贵的，可以培养她们对世界的正面认识。

当然，多读书并不等同于掉书袋子，也不意味着沉浸在书的世界中与世隔绝或者孤芳自赏。林黛玉的形象塑造固然成功，但她的清高在今天的社会中，显然是行不通的。有些时候看的书多了难免会觉得自己懂得比别人多，于是在与人交流中不时会流露出自负的姿态，这些事必须要避免。阅读不是为了让女孩子变得骄傲，而是应该让女孩变得更加平易近人。从文学、军事、政治、传记、历史等不同类型的书籍中，女孩子可以学到的是如何更好地认识这个世界，如何更好地与他人交往，亲切而博学的女人是很受欢迎的。如果因为阅读而变得自傲，那就本末倒置了。至于一些自怨自艾的女性小说，则不建议女孩子阅读，因为那会让女孩子过分充满幻想，而迷失在这个真实的世界中。

其次，品德的培养也是内涵的另一种体现。所谓品德，简单地说，就是一个人对于事物的善与恶、好与坏、对与错的评价，以及对于自我和世界的联系的一种综合反映。女孩子的一生成功与否，幸福与否，与品德密不可分。品德好的女孩，更容易赢得他人的尊重，收获更多的友爱，成长的旅途也会更加顺畅。

最后，对于女孩子来说，思考也是相当重要的。"思考"是内涵的转换形式，是阅读的回馈方式。我们阅读书籍之后，需要有一个思考的过程。这里所谓的"思考"并不仅仅指对于书本内容的思考，而应该延伸至对于人生、世界和自我价值的思索。"思考"之后，具体的体现方式就是"心性"，可以说，"思考"对于女孩内涵的提升，起着承上启下的关键作用。

当女孩学会温柔地处世，拥有独立的人格，懂得用自己内在的修养和高雅气质来弥补长相的不足，那么，即使长得不那么漂亮，也无所谓，因为有气质的女人是很美丽的。青春美貌不会永存，但是气质与魅力却可以让女人美丽一世，让女人成为一道亮丽的风景。

不再拒绝长大

> 女儿有一段时间时不时会对我感叹："人为什么要长大呢？烦恼的事情一大堆！要为情所困，要为找工作发愁，女人大了还要为自己成为'剩女'而烦恼，真是想想就觉得很烦。"很多孩子跟女儿有同样的心态，不想长大，不想面对那么多的烦恼，只想做爸爸妈妈一辈子的好宝宝，永远有人来替她们遮风挡雨。

其实，很多孩子都会经历这样一个阶段。一是因为她们看见成人世界里有太多让她们无法接受的事，就好像丹丹说的那样，情伤、失业危机等，这些事实摆在她们眼前，让她们恐惧和害怕，让她们对于自己的未来充满了迷茫。

二是因为她们对于将要面临的责任问题有一种不确定性。她们不知道自己是否真的具备了独立面对社会的能力。虽然她们中的大部分人口中都嚷嚷着自己已经长大，但在真正的困难面前，她们依旧会退缩，会想去寻找保护伞。

当女儿有这样的念头的时候，妈妈不要太过惊慌，这是每个孩子成长过程中的正常经历。只要妈妈们晓之以理，动之以情，帮助女儿成功

"心理断乳"，她们就会欣然接受长大的事实。

妈妈放手让孩子处理自己的事，这不光是一句口号，也不是让孩子掌握几种技能就可以了，它需要成为孩子的一种习惯，天天坚持。因此，家长除了让她们体会到其中的快乐，愿意坚持以外，更要让她们知道自己的事应该自己做，不是帮爸爸妈妈做。如果她们撒娇，不愿意自己做的时候，父母也要坚持到底，让她明白这是她应该做的。

妈妈要培养女孩独立解决问题的能力。中国的家长往往太宠爱自己的孩子，有些孩子四五岁了还被抱在手上，不肯让他们下地来自己走路，怕摔伤了。其实这种做法是错误的，就好像学骑自行车，如果不摔跤就永远学不会一样，如果父母包办了孩子生活中的一切，那么必然会使得他们失去独立解决问题的能力。培养孩子独立解决问题的能力，是让孩子成长的第一步。

妈妈要经常跟女儿谈心，告诉她们妈妈自己的人生经历，让她们体会到其中的幸福和艰辛，让她们对长大成人充满向往。用亲身经历告诉她们，长大并非是一件恐怖的事。恰恰相反，成长的过程是很美好的，成长过程中的风景也是很美丽的。承担责任是一件快乐的事，因为当你成功完成一个任务，或者独立解决一个困难的时候，这其中的成就感和自豪感是无与伦比的。

当孩子做成了一件件自己想做的事，孩子就不会恐惧成长了。

| 生理篇 |

认识自己的身体，
成长不烦恼

进入青春期，女孩的身体会发生很多变化。身高和体重会突然猛增，然后逐渐放缓；乳房发育和月经来潮也是妈妈和女儿非常关注的话题。

有的女孩会因为胸部发育产生羞涩的心理，甚至含胸驼背；有的女孩会因为月经来潮而烦躁不安。作为妈妈，我们应该事先告诉女儿身体发育的过程，让她知道每个女孩都会经历这一过程，不必为此感到羞涩和烦躁。

这个时期的女孩，也更加关注自己的容貌和身材，甚至对自己要求异常苛刻，明明是正常的体型，总觉得自己该减肥了；总是觉得自己长得不好看，应该整容……这个时候，我们千万不要指责和絮叨，如果我们能够多和孩子沟通，多交流彼此的想法，女孩就能正确地面对这些迷茫与困扰，做个健康而自信的女孩。

胸部发育？懂得欣赏自己的美

※

进入青春期，小女孩就多了很多烦恼，首先要面对的就是身体的变化，其中最大的变化就是胸部的变化。

记得女儿10岁的时候，胸部开始发育了，我给她买了运动式内衣。刚开始女儿还感到新鲜，可是过了几天，新鲜感过去了，女儿就开始为这种变化感到厌烦。这种烦恼除了来自自身的不适应外，还来自同学、朋友的询问，更要面对周围男生异样的眼光。她不止一次地对我说："妈妈，我为什么是女生啊，真讨厌，如果是男生就好了。"

最初，我对她的话并不十分在意，只是告诉她这是每个女孩子都要经历的成长过程，但她第二次提起后，就引起了我的重视。我告诉她，作为一个女孩，自然的身体曲线是最天然的财富，完全没有必要因为成长而觉得厌烦。就好像蝴蝶破茧而出前，一定会经历一段黑暗的封闭时期一般，女孩子的胸部发育也是如此。

胸部的发育正是女性成长的标志，尤其等她长大后，就会为自己丰满的乳房和优美的曲线而感到骄傲与自豪。别人的注意或者自己的窘迫都是青春期所必然面对的问题。对于他人关注的目光，无须感到尴尬，可以将这样的关注当作对自己的一种欣赏。当然，青春期的孩子在面对男生好奇的目光或追问时可能会无所适从，很尴尬，其实不用特意把这件事放在心上。男生这个时候也是懵懵懂懂的，他们会问也只是因为真的好奇，并没有什么恶意，坦然自如地处理就好了。如果自己的胸部比同龄女孩发育得早也不用难为情，每个人都会经历青春期，只是时间早晚有别。这样一番谈话之后，女儿的心态就变得积极很多，不再因为自己身体的变化而苦恼了。

除了心理上进行积极的开导外，生理上也应时刻关注着孩子的变化，根据孩子的成长更换适合的内衣。当女儿身体不断发育，我都及时地为女儿调整内衣的尺寸，每次都尊重女儿的喜好，这样女儿越来越能欣赏自己的美。我还告诉女儿平时要挺胸、收腹、紧臀，不要含胸驼背。引导她适当地做扩胸运动、俯卧撑及胸部健美操等加强胸部肌肉的锻炼。

青春期发育是每个青春期的女孩子都要面对的问题。从青春期就懂得女人的特性，欣赏并注重自身的美，就更容易成为一个优雅、有气质、自信的女孩。

月经，她来了

进入青春期之后，除了胸部的发育会让人感到尴尬之外，月经的到来也会给女孩子带来一大堆烦恼。

> 丹丹第一次来月经完全是自己处理的。因为我已经提前告诉过她，并提前为她预备好卫生巾。但随着月经有规律地到来，还是让她的生活产生了不小的变化，这也让她烦恼不已。

当女儿与我聊起这个话题时，我告诉她，月经是会给生活带来麻烦，但每次来还是会让人觉得开心，因为这是身体健康的表现。如果不来或者不规律，更会让人烦恼。女儿对我所说的似懂非懂，虽然有时候月经来时她还是会抱怨一通，但言语中的反感情绪已经不是那么火药味十足了。

与我对女儿的处理方式一样，现在妈妈大多会提前告诉女儿月经是什么，青春期会带来什么变化。女孩子在月经初潮时，大多能泰然处之。记得有这样一个调查，第一次来月经时你是怎样的。结果很多人都回答因为妈妈提前教育，所以在月经来临时表现得很淡定。当女儿来月经时，一些母亲会表现得很激动，开心地大叫"女儿长大了"。

即便如此，当月经来到时，还是会让孩子手足无措。因为经验不足，女孩子处理起来笨手笨脚，之前能进行的一些活动，比如游泳等也必须推迟，还有一个重要的原因就是担心自己处理不好，被男生看出来自己正处于生理期。有些顽皮的男生还会故意问女孩子月经来了没有，碰到这种情况，女孩子就会很尴尬，觉得好讨厌好麻烦。不过男生带来的问题毕竟是短期的。大多数女孩子对生理期的厌恶心理还是来自妈妈的态度。妈妈本身对生理期的厌恶情绪，或多或少会影响女儿的心情。而生理期"不洁"的愚昧观念，也存在于某些地区某些人的心中。即使现在卫生棉广告再三倡导轻松自如，也打消不了女孩子的厌恶心理。

但生理期毕竟要伴随女人几十年，作为妈妈，还是应该让女儿拥有积极的心态，从一开始就能开心地对待生理期。妈妈自己先要消除厌恶的心理，让女儿知道这是健康的表现。妈妈不需要像生理卫生老师或医生那样讲得很详细，也不需要讲一堆专业术语，只需要让女儿知道这是成长的标志，是正常的，每个健康女人都会拥有，尤其在女儿初潮来临之前要多跟女儿沟通，让女儿消除恐惧的心理。当然，父母也不用大张旗鼓地在女儿月经"初潮"到来时大肆庆祝，毕竟，女孩子在对待这种问题上害羞的心情多过庆祝的心理。"初潮"是对女孩性别的极大认同，少女对自己身体发育的积极态度会强化和促进少女的自尊自信。

进入生理期之后，面对小男孩好奇的目光或他们的问题，女儿肯定会觉得很尴尬。这个时候，妈妈也需要帮助孩子树立正确的观点。小男孩只是因为好奇而会关注，大多数并没有恶意。如果女儿自己一直惦记在心里，只会让自己不开心。

如果女儿身边的同学、朋友都已经有了月经，而自己女儿却因为生理期迟迟没来而焦虑、担心，妈妈也要好好开导，每个人生理条件不一样，月经到来的时间也各不相同。

不需整容，你的完美独一无二

❋

> 女儿对我感叹，现在很多明星都做了整容手术，某某割了双眼皮，某某做了隆鼻，某某把下巴削得尖尖的……谈吐中，不乏羡慕之情。

近年来，随着选秀节目的红火，为了让自己的孩子多一点机会，很多家长也不惜重金，花钱给孩子整容。可是，整容真的有必要吗？我问丹丹，整容的目的是什么？她毫不犹豫地告诉我，让自己变漂亮。我问她，难道女人的自信心，一定要依靠外表来获取吗？

我告诉她，曾经为了提高粮食产量，对农作物大量使用化肥、催熟剂、杀虫剂等化学物品，多年后发现这些东西对人体有很大的危害，于是国际社会开始呼吁"无公害"食品。于是，"绿色"肥料，"绿色"蔬菜，"绿色"环保，返田归林，关闭重污染企业，限制尾气排放等等，"绿色"的旗帜高高飘扬，成为当今时尚。由此可见，自然的才是最好的。

　　人与食物、环境一样，自然的才是最美的。容颜易老，青春转眼即逝，整容不可能使人长生不老。延缓衰老的背后是对身体的伤害，是药物作用到期后的加速衰老。而且整容是要动手术的，动手术就意味着有一定风险，如果整容失败了怎么办？

　　一些整容者，本来五官无明显缺陷，但看到别人做了手术，自己也奢望借此"锦上添花"，因一时冲动，而对五官予以夸张改变。我认识的一位朋友因为嫌自己嘴唇太厚、鼻子太塌、下巴太宽而做了整容手术。手术后，她确实变漂亮了，但面对这样的"漂亮"妈妈，女儿却哇哇大哭，坚决不要她，她想尽办法都不能得到女儿的原谅，丈夫也不习惯"新"老婆。这样极端的例子或许比较少见，但这也说明了整容并非是什么好事，整漂亮了未必就能让自己变得更有自信，反而可能带来烦恼。如果不小心整容失败，除了要经历多次肉体的折磨，心理上更是会受到严重打击，导致性情大变。与其冒着毁容的风险去整容，倒不如养养气质，我深信女人是因为可爱才美丽，而不是因为美丽才可爱。

　　整容还有一种不利，就是如果人人都变成大眼睛、挺鼻子、小嘴巴，跟电影明星似的，也就失去了个性。或许现在流行这样的长相，可是以后的流行趋势谁能预料呢。因此，不要盲目跟风，只要自己的五官没有明显缺陷，就不要去整容，因为你就是独一无二的。

　　当然，如果外表确实有某些缺陷，那还是可以通过整容进行美化，比如脸上有疤等比较严重的缺陷。否则，还是不要整容。所谓人无完人，有缺点并不可怕，只要懂得扬长避短就可以了。要把自己打扮得干净利落，让自己显得赏心悦目。同时努力提升自己的气质。一个毫无气质的女人，就算长得再完美也不会出色，更不会引人注目。

追求美丽是追求美好人生与积极进取的一种客观体现，无可厚非，漂亮确实会给女孩子带来更多的自信，但漂亮更应该从多方面努力。或许你确实存在某方面的缺陷，只要这些缺陷不会影响你的生活、学习，何不去欣然接受呢？因为这才是真正的你，独一无二的你！

极端减肥不可取

※

在崇尚以瘦为美的年代，女孩子为了追求苗条往往无所不用其极。为了保持苗条的身材，她们可以不顾一切代价，采取各种手段，结果得了厌食症、抑郁症。

曾经有一个16岁的女孩为了减肥，每天只吃两三个白煮蛋，其他食物一概不入口。刚开始体重下来后，她还对此欣喜不已，后来几天不吃东西也不饿，最终患上厌食症，人越来越消瘦，165厘米的身高，体重只有34公斤，对生活也越来越没信心。厌食症让她极度抑郁，非常厌世，觉得生与死没什么分别。尽管经过治疗，女孩的生命得以挽回，但全家人却为她付出了很大的代价。

我接触过不少类似的例子。最初这些女孩都是为追求苗条而少吃少喝，渐渐形成了强迫症，不吃不喝，随后体重严重下降，患上厌食症。很多人在患病初期都不愿意承认自己患上厌食症，而家人由于生活忙碌，或是不常在一起用餐，而忽略了病情，等到发现问题时，往往女儿病情已不轻。

除了厌食，还有一些极端的减肥例子，如过量运动、药物减肥、偏方减肥等，每一种极端的减肥方式都会对健康带来极大的伤害。拿运动来说，有些人为了减肥，每天在健身房健身5个小时，周末也不间断，这样很可能给身体带来伤害。因为除非专业运动员，对普通人来说，每天1个小时左右的运动量就足够了。而药物减肥带来的危害更不用说，俗话说"是药三分毒"，减肥药或减肥茶对身体的伤害是非常大的。我有一个朋友，结婚7年也没有怀孕，最后检查发现就是因为曾经喝减肥茶过量，导致内分泌失调而不孕。这样的伤害都是极端减肥导致的。

因此，要拥有健康的身体，就要避免极端减肥。而避免极端减肥首先应该摒除"非瘦不可"的观念。很多女孩体重已经偏低，但她们仍然觉得自己不够纤瘦，还想继续节食减肥，以达到苗条的目的。追求苗条的原因，主要是社会风潮。例如娱乐明星不论男女都在减肥，女孩子自然就会努力追求苗条。除了社会因素外，减肥的原因很多也来自妈妈，如果妈妈经常在女儿面前批评女儿太胖，女儿就会不顾一切去减肥。妈妈节食也会对女儿产生影响。例如，妈妈不吃米饭，女儿也会模仿。因此，妈妈除了自身要做出榜样，杜绝极端减肥方式外，也要经常告诫女儿，自然就是美。身材可能并不完美，但只要健康就胜过一切。

| 学习篇 |

※

坚持学习，
离成功更近一步

现在的孩子从小就学习压力大，学业重。虽然很多父母越来越注重为孩子减压，但在社会的压力下，很多父母也被迫牺牲孩子的玩乐时间，让他们学习更多的知识、才艺。不仅家长觉得压力大，孩子们更是完全没有了青春年少的灿烂，沉重的书包压得他们直不起腰，如山的作业压得他们抬不起头。无奈、压抑、漠然呈现在青春期孩子们本该是花朵般的面孔上。

其实，学习也是一件快乐的事情，父母最应该做的，就是让孩子们主动、积极地学。帮助孩子找到学习中遇到的困难，找到她们厌学的死结，用最科学的方法对她们加以引导与鼓励，让她们的学业压力得到缓解，让她们的青春少一份沉重，多一些欢声笑语！

有知识的女性才能独立

※

　　知识是保持人类不断进步的源泉。一个女性想要发挥自己的魅力，对于知识的汲取必不可少。

　　青春期的孩子还在学校学习，知识大部分来自学校，学好课本的知识当然是义不容辞的。但是，并非学习课本知识就够了，还要多阅读。因为课本的知识容量有限，只有通过广泛的阅读才能丰富自己的知识。

　　多阅读，让自己拥有更多的知识也会让女人拥有更多的自信。阅读可以培养一个人的气质，看的多了，懂的多了，外在的行为谈吐、待人接物的方式也就不同了。优雅大方、自然亲切的气质会给人一种舒适随和的感觉。在阅读之余，也可以带女儿适当地多参加一些别的艺术活动，比如看看展览，听听音乐会，提升自己。

　　很多妈妈以为看课外书籍、参加艺术活动等会影响女儿的学习，其实不然，丰富的知识只会引起女儿的学习兴趣，而且也能让女儿了解社会。尤其现代社会，妇女独立自主这股强大的潮流无人能阻挡，现代女性的独立意识越来越强。无论已婚未婚，女人都不可再像传统那样依附男人生存，女人必须拥有自主权才能有尊严地生活下去。而且拥有知识的女人也更懂得保护自己。例如，她知道自己的权益受到侵害时如何处理，懂得维护自己与家人的健康，清晰了解自己在家庭和社会上的角色定位，能如鱼得水般地处理家庭与工作中遇到的各种问题。因此女人一定要有知识，懂得更多，才能看得更远。

不仅学习期间需要了解知识，拥有了自己的家庭，拥有了全新的生活，也仍然需要不断地学习知识，提升自己。因为有知识就有力量。知识可以让一个没收入的家庭主妇面对问题时有据可循，用自己的能力解决问题。就算自己为了家庭付出一切，她依然拥有话语权，能真正做到与男人平等。

无知是可悲的，会让自己陷入绝境。因此，妈妈一定要教导女儿多看书，多阅读，吸收更多的知识，不断充实自己。

不求第一

※

放寒假了，一位朋友带着女儿来家里玩，女孩很骄傲地告诉我们，这次期末考试语文考了97分，数学考了99.5分，全班第三。我们一听连连称赞这孩子真棒，朋友也非常高兴，但她还是皱皱眉，嗔怪地说孩子："你臭显摆什么呀，第一名可是双百分呢，你考个第一再来吹牛！"女儿听了不高兴地说："你每次都这样，一点也不了解我。"

其实，妈妈在内心应该是比较满意的，但多半是为了谦虚而说出这样的话。妈妈觉得自己这样的处理没有问题，但孩子并不能理解妈妈的心情，反而会觉得妈妈一点也不了解自己，自己努力的成果半点得不到肯定，妈妈的这种做法无形中就伤害了孩子。

孩子的成绩好坏，重要的是取决于孩子的学习兴趣。对于家长而言，鼓励孩子喜欢学习比家长对孩子说出了多少要求和希望更重要。家长要懂得如何帮助孩子养成好的学习习惯，让孩子愉快、开心地学习，而不是让成绩与名次成为鼓励孩子学习的动力。如果家长太过重视成绩与名次，就会把学习变得功利，让孩子偏离学习的正途。这样不仅不能让孩子喜欢上学习，还可能会让孩子养成厌学、嫉妒的心理。对于比自己优秀的人，孩子就会心理不平衡，就会产生嫉妒心理。

我有一位朋友，她的孩子非常优秀，每次考试都是全年级前三名。但妈妈每次都不表扬女儿，反而一个劲地说："你还做得不够好，你看你还没有考到全年级第一，这点成绩算什么呢？"她的女儿努力学习，最终以全年级第一的成绩考上了复旦大学。到了大学，她的孩子心理落差非常大，有一段时间，差点得了抑郁症，原因是大学里每个学生成绩都非常优秀，女儿在里面成绩不算突出，原先所有的光环消失之后，心理无法承受这种落差。这位妈妈告诉我，她非常后悔自己以前的行为，现在她懂得了，帮女儿建立自信比成绩更重要。

这位妈妈只把学习目标定位在成绩上，而没有关心孩子的心理健康。她的行为看似鼓励孩子好好学习，实质是在追求作为家长的满足感。因此，妈妈不要总是把成绩挂在嘴上，不要老是批评孩子，而要多鼓励，激发孩子的学习兴趣。

妈妈要帮助女儿学习知识，而不是争取分数，这样孩子才能爱上学习。任何孩子都需要成功体验，这样的体验不是拿高分，考第一，而是通过自己的努力获得解决问题的喜悦。

成绩是为了检验对知识的掌握程度，因此，妈妈要帮助女儿了解不足，解决问题。当成绩出来后，要帮助女儿找出自己为什么会犯这个错误，是粗心导致的还是没有掌握知识引起的。如果是粗心导致的，以后的考试中就要更细心一些；如果是这部分的知识没有掌握引起的，妈妈就要帮助女儿复习巩固，掌握这部分知识，这样女儿的成绩才能真正得到提高。

妈妈千万不要觉得不跟女儿提要求，女儿就不会努力学习。其实没有人是甘愿堕落的，孩子也一样，她们也喜欢被鼓励，也希望自己的努力得到肯定，因此，妈妈不说，女儿也一样会努力追求好的成绩。妈妈不对女儿提要求，反而会让她了解，学习不是为了名次，不是为了攀比，而是为了让自己掌握知识，这样她就不会对名次斤斤计较，能够在没有压力的环境下学习，这样的孩子一定会获得好成绩！

不做考试的奴隶

女儿有一段时间很郁闷，因为她认认真真地学习了很长时间，而班里另一位跟她关系很好的同学不认真学习，还时不时泡在网吧里玩通宵，月考时，这位同学的成绩却超过女儿。这让女儿伤心不已，也失去了学习的积极性。那一段时间，她拿起课本就犯愁。虽然她自己也很想努力，但就是没有办法集中精神，越紧张，就越觉得自己什么也不会。

我及时地发现了她的痛苦，与她进行了一次长谈。女儿告诉我，她很想好好学，好好考，不让我和她爸爸失望，可是不管她怎么努力，就是考不好，不知道到底是怎么了。

听了她的话，我警觉地问她，爸爸妈妈是不是对她要求很高，所以她压力很大，觉得成绩是考给我们看的。女儿告诉我，我们从小就要求她好好学，要考出好成绩，所以她压力很大，怕成绩不好让我们丢脸。女儿的话引起了我深深的自责。或许我们无心的一句话，却带给了女儿那么大的压力。我及时地向女儿道了歉。我告诉她随着年级的升高，压力增大也是事实，因此不用太在意考试成绩，一两次失利是正常的。而且学习不是为了和他人比较分数，也不是为了让爸爸妈妈高兴，更不应该成为她痛苦的理由。其实，学习只是一个过程，只要过程够认真，够积极，就算结果不理想也无所谓，因为你付出过，努力过，那就够了。

无论什么考试，都只是人生的一种经历而已。就算高考考砸了，也不要灰心。长大踏入社会之后，社会上的竞争比考试残酷得多，那时就会发觉学习考试真的只是人生中的一次小经历而已。

"天才"也要努力学习

女儿的语文成绩平时在班级中是数一数二的，语文老师常常会把她写的作文作为范文，为此女儿开始沾沾自喜起来。平时开玩笑的时候，也会说自己是语文天才。每次语文考试前，她都不会将太多心思放在上面，因为觉得凭着自己的语文基础，考个好成绩应该没有什么问题。然而进入中学之后，文言文阅读部分变得越来越难，很多东西需要多背多记，才能学好。对此，她并没有放在心上。但高一的第一次语文考试让她吃了苦头，语文成绩居然才刚过及格分数线一点点，而其中失分最多的就是文言文阅读。当女儿拿着这张考卷给我签名的时候，头低得不能再低。我问她："你知道问题出在哪里吗？"她点点头说："是我错了，我不应该轻敌，我应该更加努力一点。"

我告诉她，妈妈从来不否认，这个世界上确实有天才。曾经我们一起看过一部纪实片，有个山区里的孩子，从小就有一种过目不忘及心算的本领，无论他看到什么算式，都可以在3秒之内算出结果，大家都说他是天才，可是后来由于学习环境不好，加之他自身的松懈和放弃，他渐渐地变成了一个平庸的人，心算的本领也逐渐消失了。可见，天才如果不努力，也会变成庸才。

有一句名言，说出来每个孩子都知道：成功是百分之九十九的汗水加上百分之一的灵感。然而真正落实在学习中的时候，很多孩子往往都会忘记，她们宁愿相信自己的小聪明，相信运气，也不愿意花多点时间来下点功夫好好准备。

在小学的语文课本上，孩子们就学习过了"铁棒磨成针"的故事，但自己不吃点苦头，她们通常不会体会到其中的真谛。而当她们真正吃到苦头的时候，往往会被挫折打败，严重的甚至会一蹶不振。所以家长应特别注意这方面的教育，平时可以多和她们讲讲成功人士努力的故事。

举大家都知道的爱迪生发明灯泡的故事来说吧。

电灯绝对是19世纪最伟大的发明之一。19世纪前，人们只能用油灯、蜡烛等来照明，虽然这些也能在黑暗中给大家带来光明，但这微弱的光线是远远不够的。美国发明家爱迪生是铁路工人的孩子，甚至连小学都没读完就辍学了，在火车上卖报度日。然而爱迪生是个异常勤奋的人，他热衷于做各种实验，制作出许多巧妙的机械。他对电器特别感兴趣，自从法拉第发明发电机后，爱迪生就决心制造电灯，为人类带来光明。

他在认真总结了前人制造电灯的失败教训后，制订了详细的试验计划，分别在两方面进行试验：一是分类试验1600多种不同的耐热材料；二是改进抽空设备，使灯泡处在高真空状态。他还对新型发电机和电路分路系统等进行了研究。

也许现在的孩子在听到"1600多种不同的耐热材料"的时候，脸上已经露出惊讶的表情了，那么让我们来看看爱迪生是怎么做的。为了研制电灯，爱迪生在实验室里常常一天工作十几个小时，有时连续几天试验。发明炭丝做灯丝后，他又接连试验了6000多种植物纤维，最后选用竹丝，通过高温密闭炉烧焦，再加工，得到炭化竹丝，装到灯泡里，再次提高灯泡的真空度，电灯竟可连续点亮1200个小时。这是常人所不能想象的勤奋，而正是这种勤奋，让爱迪生成为一名伟大的发明家。

其实，在教育孩子在学习上必须花时间来努力这方面，对于女孩的教育和对于男孩的教育并无多大差别。我们以前经常听说一种说法，说到了中学，尤其是高中，女孩在智力和反应方面可能不如男孩，其实这种说法是无事实根据的。女孩并不笨，女孩有比起男孩来更显著的优点——细心、耐心，如果女孩能够将这种优势用在学习上，再加之努力好学，就一定能获得成功。

学习，是为自己学

✳

> 有一段时间，女儿每天都跟我说，今天要应付这个老师，明天要应付那个老师，烦透了。听女儿这么说，我告诉她，如果学习是为了应付老师，那就不要学了。
>
> 女儿想了想，认真地跟我说："妈妈，我错了，学习不是为了应付老师。"

有女儿这种想法的学生不少。很多学生都觉得，老师不停地盯在他们后面，叫他们做这个做那个，所以他们学习是为了老师和爸爸妈妈。

造成孩子有这种心理的原因主要还是父母和老师对他们要求太高，当孩子成绩不如意时，父母和老师总是采取一种简单粗暴的方法，例如罚写作业等。天长日久，孩子就会失去对学习的兴趣，也伤害了他们的自尊心，让他们变得厌学。

父母在教育过程中之所以屡屡采取不合适的教育方法，使"教育"变成孩子的负担，最根本的原因有两个：一是不相信孩子有上进心，觉得不严格管教，孩子的成绩只会更差；二是过于相信自己，觉得自己的教育方式一定是对的。

当孩子进入青春期后，就已经不再是小时候那个单纯的孩子，他们的想法会越来越多，对于学习也会有更强的目的性。如果他们觉得学习是为了父母或为了应付老师，就不能从学习中获得乐趣，自然也不可能努力去学了。

我的侄女苗苗就是一个很好的例子。苗苗读高一时，对于学习的目的根本不了解，所以学习很不用心，上课时，表面上看起来很认真，可思想却一直在开小差，这样的学习状态当然不可能取得好成绩，期末考试时，她考了班上倒数第二名。放假期间，我跟她进行了一次长谈，我们从考试成绩，聊到学习的压力，聊到她的理想。她意识到，如果不努力学习，她的理想就很难实现，就算不上大学，也要有丰富的知识才可能距离自己的梦想更近一步。当她了解到要从事自己喜爱的事情必须先付出时，就开始对学习真正用心起来。当她明白了这个道理后成绩就有了显著的进步。高考时，她顺利地考上了理想的大学。

青春期的女孩对自身有强烈的认识，她们开始知道自己想要追求的是什么，如果父母逼迫她们学，就会引起她们的反感。当她们找到学习的兴趣，认为学习很有趣味时，学习就不再是她们的负担。因此，当女儿成绩不是很理想时，不妨多花点心思帮她找到学习的目标，然后再朝着目标努力，就能事半功倍。

学生时代最美好

✳

朋友告诉我，进入高中以后，女儿变得不像初中那样热爱学习了。诚然，学习的压力越来越大，学校里还安排了补习班，每天的作业都让她做到晚上12点。一个学期下来，她的女儿似乎有些不堪重负了。有一次，在和朋友的谈话中，她的女儿告诉她："妈妈，大家都说高中的时光是最美好的，最无忧无虑的，可是为什么我感觉不到呢？我只觉得无边的压力把我要压垮了，我觉得我连笑容都比以前少了，我觉得好累，我不想去上学了！"

类似朋友女儿的例子不少。每个年龄段的人都有每个年龄段的烦恼。对于正在读高中的女孩来说，也许她会觉得自己过的正是这个世界上最痛苦的生活：做不完的作业，上不完的补习班，无休止的考试，当然还有高考这座万人挤的独木桥。

她们渴望进入成人的世界，渴望摆脱学习的枷锁，然而她们不知道，成人世界的烦恼可能会更多：工作的压力，感情的烦恼，人际交往的困惑，以及理想和现实的冲突。

这也是为什么那么多成年人渴望能够继续回到学校求学的原因，因为比起工作的压力来，学校有着更多美好的事物。很多年以后，当我们回首学校生活，甚至会觉得，当年那些"暗无天日"的学校生活，其实也是一种美好。学校就是一个避风港，在学校里，外界的一些不正常的东西都被隔离了。在学校里，你可以学到很多很多做人的道理，这些将会对你以后的人生产生极大的影响。

中学时代，还能找到最纯真的友谊。德国女性杂志《女人》刊登出的一项调查结果揭示了德国人对友情的看法，他们普遍认为，在学生时代最容易找到真正的友谊。据报道，德国FORSA研究所受《女人》杂志的委托，对1009名14～49岁的德国人进行了这方面的调查。调查结果显示，有63%的被访者称，他们在学生时代找到了真正的友谊；57%的人称，通过熟人介绍也可结识到好朋友；而在工作中找到朋友的人则只占46%。

学生时代的友谊之所以纯洁，是因为它不含其他的杂质，也不因物质基础的不同而不同。同学们可以在一起无忧无虑地讨论各种稀奇古怪的话题，而不受社会地位、经济因素、人际关系的影响。简而言之，就是学生时代的友谊并不"功利"。

抄作业，不如痛痛快快玩个够

一位妈妈伤心地告诉我，一整个暑假，女儿天天都在玩，作业一点没做也不着急，今天跟同学约好去逛街，明天跟同学一起去K歌。妈妈着急得不得了，但女儿一点也不急，临开学前两天，她的女儿开始把自己关在书房里一本正经地做作业。妈妈想去表扬几句，谁知道推开房门一看，女儿正拿着同学的作业抄得起劲。妈妈自然很生气，训了女儿几句，结果，女儿不仅不悔改，还和妈妈吵了一架，拎着包走了。

这样的现象并不少见。很多妈妈都会抱怨孩子进入初中后，作业压力大了，做不完就抄，被发现了就和妈妈顶嘴。

抄作业这种事情，女儿也做过。当时我也很生气，可是我知道，我大发雷霆只会引起女儿的逆反心理，这样不仅抄作业的坏习惯不会改正，还会让女儿与我的关系出现问题。因此，我发现女儿抄作业后，问她原因，她告诉我，当天放学后，她与同学一起出去逛街了，结果当天的作业又实在太多，她发现做不完才出此下策。

我告诉她，知道要把作业完成，这样态度是值得表扬的，说明她很有责任心。可是老师布置作业的主要目的是让学生巩固知识，培养独立思考的能力，因此，只有在独立解决问题的过程中，才知道自己的优势和劣势在哪里，才知道自己学习中的不足。而抄袭只是把别人的答案原封不动地照搬过来，这是一种机械的手动劳作，而非脑力的思考，自己不会知道自己究竟是不是真的弄懂了这些题目，也不知道如果自己独立完成，是否还能正确地解答出来。

抄袭成了习惯，还会养成一种依赖性，短期来看，似乎完成了老师布置的任务，时间久了，却会造成知识的生疏。与其这样，那还不如不学。学习的主要目的是学习知识，掌握知识，而不是完成任务。如果目的不端正，就算作业抄得再好，考试抄出一百分，依然不是自己的。

女儿听了我的话，很坦诚地承认了错误。以后，她每天放学的第一件事就是先完成作业，再安安心心地出去玩。

或许很多妈妈会认为，像女儿这样知道改正的毕竟只是少数，大多数孩子一次被抓住了，就会更隐秘地抄袭第二次，第三次。

如果孩子被妈妈指出问题后，抄袭的毛病还是没有得到改正，妈妈就应该反省反省自己，是不是教育方式不合适。孩子之所以会抄作业，其实与家长或老师的教育方式息息相关。许多家长和教师，要求孩子努力学习的方式之一就是布置大量的作业，让"学习"成为一种暴力手段。当"作业"成为一种刑具，孩子自然要想方设法逃避，抄袭就是逃避的一种手段。

而家长一旦发现孩子抄袭，就会做出更严厉的惩罚。这样的情况下，即使孩子表面上服从了，实际上也只会更讨厌学习。因此，妈妈在做孩子思想工作时，要把工作做到孩子的心坎上，让她明白学习是为了自己，从而热爱学习。

其实，进入青春期的孩子，已经知道约束自己，她们也明白学习对于自己的重要性。但她们自尊心很强，就算犯了错，也希望能被体面地指出来。因此家长一旦发现孩子在学习中有抄袭等偷懒的行为时，不要暴跳如雷，而是应该用一种较为温和的方式帮助孩子认识到自己的错误。只有孩子真正认识到错误，才会用心地去改正。

没有人是天生的笨蛋

※

　　去朋友家玩，朋友正在教训女儿："你怎么这么笨啊，连这么简单的问题都不懂？我怎么生出这么笨的女儿？"朋友还一个劲地跟我感叹，女儿笨得不得了，连最基本的问题都不懂。我告诉她，老是把"笨蛋、笨蛋"这样的字眼挂在嘴上，只会让女儿厌恶学习，真的成了笨蛋。

　　一些老师、家长都喜欢给学生分等级：尖子生，普通生，还有一类学生，被他们归为无药可救的笨蛋。

　　学习，需要习惯和技巧，通过有效学习，即使是被人们认为很笨的学生也能出类拔萃。

　　为提高学习成绩，学生不妨尝试以下几种办法。

1. 及时整理笔记

许多学生不会记笔记，喜欢东记一点西记一点，整理起来易遗漏要点，而会学习的学生一般很看重每节课的笔记。一定要保证笔记相对完整，以便课后进行梳理。对一些好的例题、论点要用红笔进行点评。

2. 对于不懂的问题要多提问

遇到不懂的问题向老师或同学求助，这是个解决问题的好办法，但不要遇事即发问，应给自己一个独立思考的过程，或者借助一些参考书籍，通过自学、自探达到自解的目的。当然，也不要钻牛角尖，要多跟同学老师讨论。

3. 在做过的试卷中整理出容易丢分的常见题

做过的试卷不要随手扔掉，会学习的学生对"淘卷子"很有一手。准备一个习题本，将每套试卷中一些经典试题和出错率高的题目进行归类、分析。还可以将一些好的套卷对折成页粘贴在习题本上，考试的体会和经验都凝聚于此，看起来一目了然。

4. 合理利用时间

许多学生总觉得时间不够用，其实时间是够用的，主要是看学生能否有效分配时间。学会合理分配时间对学生来说是必修课，不要期盼每一次行动都有大的收获，收获一点算一点，只要肯去做。

而对于家长来说，也有几点是值得注意的。

当女儿有问题来请教你的时候，你一定要耐心地回答，千万不要显得不耐烦。因为当孩子看到母亲不耐烦的模样，就会在心里打退堂鼓，以后有问题也不敢再来询问了。

千万不要说孩子是"笨蛋"。有时候家长说孩子笨，那不过是随口一说，但是这些话让孩子听到了，就不是那么一回事了。孩子会对此一直念念不忘，从而导致缺乏自信心，认为自己真的很笨。这样也就缺少了学习和上进的动力。

帮助孩子培养自信心。家长平时要懂得多鼓励孩子，当她们在考试中取得进步的时候，当老师说她们最近表现不错的时候，鼓励孩子能够帮助她们增强自信。中国的父母教育子女时，都会面对这样的一个问题：由于中国人的性格较为含蓄，表扬、赞美总感觉说不出口。在这方面，不妨学学西方的父母。

正确面对差异。因为天赋不同，所以每个孩子擅长的学科各不相同。如果孩子在某些学科上学得不够好，是很多原因使然。我女儿进入市重点高中就读后，曾有一个阶段很不开心。女儿学习很努力，但是月考理科成绩还是不理想。女儿很迷茫，甚至怀疑自己的能力。我和女儿一起做了分析，让女儿明白她的天赋在文科，所以理科成绩不够好是很正常的事。女儿释然了好多。作为父母，要疏导孩子的焦虑情绪，而不是火上浇油。可以和孩子一起探讨如何改进学习方法，同时调整学习目标，让孩子轻松、愉快地学习。

自己的人生自己做主

❋

"考得好、干得好，不如早点嫁得好！"这是现在一些女生及妈妈共有的想法。

> 我一位同事的女儿没有考上大学，于是她把所有的心思都花在如何找一个优秀的男人身上。我问她为什么要这么做，她告诉我，她的一个姐姐重点大学毕业后，在世界500强企业工作，赢得所有亲戚的赞美，每次父母都把她姐姐当榜样激励她。但是，不久前，姐姐找了一个"凤凰男"，亲戚们私底下都议论纷纷，认为她姐姐嫁得太不值了。看姐姐这样，女孩觉得考大学、工作出色都不一定能决定命运，婚姻才是女人最大的转折点。在这种想法的刺激下，她把目标放在了找如意郎君上。

她的一席话震撼了我。她说："一来女孩青春短暂，恋爱的黄金时段也有限，如果把所有的精力都放在读书上，就可能错过很多优秀男孩；二来很多男孩不希望妻子学识比自己高，现在不是有很多女硕士、女博士征婚时故意降低学历吗？我的姐姐就因为学历高、工作好，找对象反而更困难，好不容易找到一个自己喜欢的，结果学历低，收入不高，单位也不好。再说了，现在大学生找工作也难，尤其是女大学生就更难。所以，我觉得考得好、干得好，不如早点嫁得好！"

女孩会有这样的想法，家长给的压力太大固然是一方面，但错误的人生观确实是最根本的原因。现实中，很多女人都把希望寄托在男人身上。在她们看来，女人只要找个可以依靠终身的男人，掌握家庭财政大权就可以了，至于其他方面，得过且过就好。殊不知，要找一个有权又有钱又对你好的男人哪有那么容易。物以类聚，人以群分，每个阶层都有自己的圈子，要认识有权势的男人，首先也要先踏入那个圈子才有机会。如果你自己没有一定的能力，又哪有机会认识好男人呢？试想，一个衣着光鲜、每天打扮得很漂亮的女人对男人的吸引力肯定比一个顶着一头乱发、穿着邋遢的女人强得多。除非，你有非常完美的五官，超级棒的身材，那可能会吸引更多男人的眼光。可是，那样的美女毕竟也有限，大多数的女孩都很普通。而且，就算你真的找到了如意郎君，你能一直保持你的青春美貌吗？如果你自己缺乏内涵，你有什么能给予你优秀的另一半呢？

因此，把青春、后半辈子的希望押在一个男人身上，等着被男人挑，不如打理好自己，活出真我的风采。要努力找到人生前进的方向，自己的事自己做主，拥有自己的人生。真才实学才是女人实现尊严、掌控人生最可靠的保证。人生的道路很漫长，或许财富会失去、权势被剥夺、青春将消逝……如果有一天，这些曾让你风光无限的东西都离你而去，你的学识却有可能帮你东山再起。因为，幸福掌握在你自己手中，而不是依附在男人身上。

如果你无法升学

> 暑假时，遇到一位妈妈，她很伤心地告诉我，女儿今年的高考又考砸了，距分数线差一分。她女儿去年也是作为艺术生参加考试，差五分，后来不甘心，认真学了一年，没想到还是差一分。女儿在家哭了一个礼拜。看着女儿伤心的样子，她也很难过，但又手足无措。

对众多考生而言，高考依然是千军万马过独木桥。有人能顺利入学，也有人会被大学拒之门外。无法升学的原因多种多样，无论女儿因为哪种原因没有继续升学，妈妈首先要做到的，就是告诉她：绝不自卑，绝不自弃！就算高中毕业后直接参加工作，也不要让她认为自己微不足道。其实只要在自己的工作岗位上尽责，一样是一个有贡献的人。

人生的路有千万条，并非只有升学一种。我认识很多朋友，他们可能并不是大学毕业，但他们依然拥有成功的人生。一位朋友，没考上大学，于是在父亲的眼镜厂帮忙。这期间，她不断地学习，不断地充实自己。工厂在她的管理下，从十几人的小作坊发展成数千人的大公司。另一个朋友，中专毕业，却依靠自己的努力自学设计，现在是当地鼎鼎有名的家装设计师。

　　或许你会说，这些朋友的成功是偶然的，还有很多无法升学的人都只能干最累的活，拿最少的工资。我不否认这确实是事实，但是，三百六十行，行行出状元，就算女儿从事的行业社会地位低，也不要自卑、自弃，不要认为自己微不足道，只要尽力了，她就是成功的。人生的路无法预料，一时的失意不能代表全部，虽然现在她比不过那些读大学的女孩子，但只要努力学习，在干好自己本职工作的同时，不断充实自己，总有一天会成功的。

　　充实自己的方法很多，可以买书自己读，还可以学一些专门的才艺，如摄影、做西点等。总之，当女儿无法升学时，妈妈要做到的，就是不鄙视，不放弃。妈妈唉声叹气，只会让女儿更加自卑。帮女儿从逆境中走出来，开拓新的人生方式才是一个能干妈妈要做的。

| 公共礼仪篇 |

守规则懂礼仪，
为美好形象加分

公共礼仪，看似是一个不起眼的问题，却被很多青春期的女孩所忽视。也许你会问，究竟何为公共礼仪？公共礼仪，具体讲就是人们置身于公共场合时，所应遵守的礼仪规范。它是社交礼仪的重要组成部分，也是人们在交际应酬之中所应具备的基本素养。公共场合，又叫公共场所，它所指的是可供全体社会成员进行各种活动的社会公用的活动空间。例如，街头、巷尾、博物馆、公园、车站、码头、机场、商厦、公共卫生间，等等。公共场合最显著的特点，是它的公用性和共享性。它为全体社会成员所服务，是全体社会成员进行社会活动的处所。

很多年轻的女孩子，性格开朗、善良，明明很可爱，但是因为在公众场合做出一些不合礼节的行为来，诸如高声喧哗、乱丢垃圾、不分场合的亲昵、打断别人的谈话……使得她们美好的形象大打折扣。而作为母亲，应该在公共礼仪上给予女儿以教导。

打扮得体

女儿很喜欢好莱坞黄金时代的女明星奥黛丽·赫本。有一次，我和她一起看赫本的经典电影《窈窕淑女》。电影说的是一个粗俗的女孩被教授改造成淑女的故事。她看后对我说，赫本演的那个粗俗女实在太可爱了。我问她："要是你在一个严肃的社交场合看见这样的女孩子，会不会觉得很奇怪呢？"丹丹想了想，点点头，说是的。我说："丹丹，你已经16岁了，看来妈妈有必要教你一些基本的社交礼仪了。"

我告诉她，身为一个女孩，首先应当注意自己的容貌，要时刻保持容貌的整洁、干净。

一个人的五官是天生的，眼睛是大是小，鼻子是挺是塌，嘴唇是厚是薄，这些都是无法改变的，除非通过整容等现代医学手段，但显然，如我们前文中所提到的，青春期的女孩最好远离整容。一来是为了健康发育考虑，二来是谁知道整容失败之后会变成什么样子？我们说的容貌，对于青春期的少女来说，其实很简单，就是干净、整洁。青春期的女孩并不需要什么化妆品来修饰，干干净净就是最好的装饰。当然，如果女孩长大之后，在工作等社交场合，也许可以用化妆品来使自己看起来更养眼，毕竟繁忙的工作和压力难免会造成黑眼圈、面色憔悴等常见的肌肤问题，所以每天花一点时间来修饰自己的容貌是必要的。所谓"没有丑女人，只有懒女人"，说的就是这个道理。

其次，青春期的女孩要选择适合自己体型和气质的服饰。

青春期的少女正在发育阶段，没有必要刻意地减肥，也没有必要穿不符合自己年龄的性感服装。在学校的时候，大多以穿校服为主。其他的时候，尽量穿青春活泼一些的衣服。

不过也可根据不同的体型选择不同类型的服饰，体型大约可分为A、H、O、X四类。

A型身材脸型圆、臀部和大腿较肥大、腰线短。在选择衣服时，切忌穿质地柔软贴身的毛衣和长裤，这样会暴露下身的肥大。适宜穿有垫肩的上衣，宽松的长裙也可以使身材看起来匀称苗条，束腰的皮带是比较好的显示腰线的饰物。

H型身材的主要特征是：脸型偏方或者长方、颈较短、腰线高、四肢纤细。适宜穿流线感重的服饰，同时宜选择一些突出腰部曲线的服饰或者弹性腰带，连身长裙能显示出优美修长的身段，高领T恤能掩饰较短的颈部。

O型身材的主要特征是：身材较浑圆、四肢粗、没有明显的腰线、臀部扁平。切忌穿贴身的衣服，也不要穿背心式的宽外套和蝙蝠袖，因为这些都会加宽和加厚背部。O型身材的人应该多穿有流苏饰品的衣服，能令视觉呈垂直感，且适宜穿统一色调的衣物。

X型身材的主要特征有：面部呈鹅蛋形，下巴线条优美，身材富有曲线，四肢匀称修长。此类身材是女孩最为理想的身材，得天独厚，当然穿衣方面也须适宜。多用腰带，可加强腰部的线条优势；质地柔软贴身的连衣裙、针织衫等都能体现女孩的柔美特征。

笑容为美丽加分

※

　　有一段时间，女儿很苦恼，原因是班上选举，原本是班长的她却落选了。问原因，大家告诉她，她太严肃了，整天板着脸，一点亲和力都没有。她问我该怎么办，我告诉她，让自己有亲和力的最好方法就是把笑容挂在脸上，让笑容为美丽加分。

　　为了让她体会到这一点，我特意带她参加了一个主题为"笑容"的展览，照片中，那些不同肤色、不同国家、不同民族、不同年龄的人，都笑得那么自然，那么动人。看着看着，丹丹也忍不住微笑起来，似乎是感受到了照片上的人所传递出的情绪。我问她："你觉得他们笑得好看吧？""好看！""那么他们的长相和笑容有关系吗？"丹丹想了想对我说："妈妈，您说得对，他们并不是美若天仙的，笑起来也不是都有酒窝，但是他们的笑容让人觉得好自然，尤其是微笑，似乎真的像您说的，让我感受到春风的味道。"

　　对于女孩子来说，微笑是一种魅力，是一种最好的沟通方式。

　　微笑之所以充满魅力，是因为它具有一种亲切感，是人类情感的直观表现，是快乐、善良、温情、理解、信任的外在表露。卡耐基说过："笑容能照亮所有看到它的人，像穿过乌云的太阳，带给人们温暖。"

我告诉女儿，如果女孩子能够经常面带微笑，那么无论是在生活中，还是在工作中，都会事半功倍。

比如说在学校里，如果和同学之间的交往能面带微笑，那么同学们就会乐于和你接近，并且乐于帮助你。如果总是板着一张脸，那么同学们就会觉得你很怪，会远离你。与老师的相处也是如此，老师总是喜欢微笑且懂得礼貌的学生，当你有困难请教老师的时候，对他们报以一个微笑，是最好的礼貌。而当你以后进入社会，微笑更是一种低成本但具有高回馈的法宝，无论是工作中，还是其他社交活动中，微笑都能让你所向无敌。微笑能化解人与人之间的误会、隔阂和矛盾，是人与人之间沟通、理解、拉近心理距离的灵丹妙药。

当然，微笑不是简单的一笑，也并不是虚伪的笑容，它需要发自内心，要记住只有与人为善、胸怀宽广、豁达开朗的人才能笑口常开。微笑是人的修养、素质和心理的综合反映。

古希腊哲学家苏格拉底曾说过："在这个世界上，除了阳光、空气、水和笑容，我们还需要什么呢？"古人都有如此感触，何况是我们现在的人呢？微笑使人们的关系由疏到密，使人们从心底涌出真诚，使人们充满对文明、正直、友善的渴望。既然这样，我们何不让微笑贯穿于生活中的点点滴滴，让微笑深入彼此的心灵，那么我们的世界将会是多么美丽啊！懂得微笑的女孩是最美丽的。

待人处世要大方得体

有段时间，女儿好像患上了社交恐惧症。小时候家里来客人的时候，她总是一口一声"叔叔""阿姨"叫得很亲热，还会帮客人拿拖鞋，请客人坐。而有一段时间她却变得扭捏起来，来了客人，打个照面就嗖地一下躲到了自己的房间里，或者干脆就躲在房间里不出来。更讨厌去走亲戚，让她去亲戚家，她会毫不犹豫地拒绝。在路上碰到小区里的爷爷奶奶，她更是低下头，一溜烟地就跑了。

女儿的问题不是只有她一个人有，也是很多青春期少女的通病。当女孩进入青春期之后，会变得不再像小时候那样外向。她们会害怕在人前展现自己，害怕自己成为人群中的焦点，最主要的原因是她们不够自信，担心自己做得不够好，会在众人面前出丑。所以她们宁愿躲在角落里，刻意地掩饰自己的才能，掩饰自己的美好，不被大家注意到。

我发现这个问题后，先找她谈了谈，告诉她，女孩都有这样的阶段，但人总要与人交际，如果给人留下畏畏缩缩、做事不得体的印象就不好了。女孩子处世要大方得体，跟熟悉的叔叔阿姨、爷爷奶奶打个招呼，问候一下，不但让人感到舒服、亲切，而且可以为自己的美丽加分。

女儿告诉我，原本她没有这种心理，只是有时候跟爷爷奶奶打招呼，他们却不理睬自己，所以觉得很没面子。我告诉她，大方得体的女孩，永远是人群中的焦点，人们会觉得她美得干净利落。如果躲躲闪闪，这才真的会让她没面子，因为这会给对方留下恶劣的印象。每个女孩都有自己的闪光点，都有自己的优点。如果懂得将自己的优点大方地展现在众人面前，那么就能让大家发现你最美丽的一面。不要扭扭捏捏，也不要将自己缩在贝壳中，如果你自己都不能展现自己的美丽，又怎能让别人来发现你的美丽呢？

除了与女儿谈心，以下方法也可以帮女儿消除"社恐"。

1. 多带女儿参加社会活动

多参加一些社会活动有助于培养孩子的交际能力，比如可以参加暑期夏令营或者各种交流培训班，让她在这些活动中，多些机会展现自己。与各种不同的人接触，会让她增强自信心。认识的人多了，交流的机会多了，她就会发现，原来和人们接触并不是一件困难的事，相反她会从中找到乐趣。机会越多，她就会做得越好，在行为举止上，就会越来越自信得体，大方自然。如果家长在这个时候用恰当的赞美来"奖赏"她，那么会更加有助于她的成长。

2. 经常邀请不同的客人来家里玩

我经常邀请一些朋友到家中来，给女儿创造做主人的机会。对于女儿害羞的性格，家长可以从以下步骤进行引导：（1）让她向客人主动问好。在问好之后，让她留在客厅中，不要立即回到自己的小世界中。（2）让她给客人端茶递水，帮助妈妈来招待客人。（3）鼓励她在客人面前多说话，可以谈谈自己在学校中的学习情况，如果来的客人中有同龄人，还可以让他们相互交流。

在客人走了之后，妈妈还要懂得抓住机会对女儿的表现进行表扬，诸如："丹丹，你今天好棒！""阿姨说你很大方，很可爱。""丹丹在说话的时候已经是个小大人的样子了，很美丽哦。"这些话，毫无疑问会给女儿带来很大的心理鼓励，让她了解到，原来多沟通，多交流，自信地表达出自己的才能，是一件很好的事，能够展现自己美丽的一面。

3. 平时要对女儿多多进行表扬

适当的表扬能够增强她们的自信心，对赞扬的渴望能够让她们迈开自信大方的步伐。

总之，面对女儿这样的行为，妈妈要懂得用正当的方式来引导她们走出自己的小世界，让她们认识到大方自然的举止也是一种美丽。因为所有的人都会喜欢大方得体的女孩，大方的女孩美得干净利落，即使在众人面前出了洋相，也懂得用最自然的方式让它过去，给人留下深刻的印象。

有礼貌才会有气质

❋

一位妈妈告诉我，她觉得自己的女儿有些没心没肺，比如，她进房间从来不敲门，和人说话的时候，不喜欢用礼貌用语，去客人家的时候，经常没有经过主人的同意就吃东西……

事实上，很多青春期的女孩，因为受电视剧的影响，或者是出于一种想与异性朋友更融洽地相处的心理，会在不知不觉中让自己的行为举止变得粗鲁。她们以为这样更能让自己受欢迎，她们喜欢别人说她们有性格，说她们另类。久而久之，她们会变得缺乏应有的礼貌，变得粗俗。

母亲对于青春期女儿礼貌的教育，其作用显得尤为重要。母亲应当让女儿懂得，做一个有礼貌的女孩，才会让自己受到欢迎。

我们教育丹丹时，一直遵循一个道理，那就是：让礼貌教育进入她的内心，这样才会形成一种持久的气质！我们主要是从以下几个方面着手。

1. 尽可能地在家中提高使用礼貌用语的频率

不论在家或在外面，我们都会提醒和鼓励她多用敬语，如"请""谢谢""对不起"等。在家，女儿帮我端茶递水，我也会对她说谢谢。很多父母带着女儿在外交际时，通常不会忘记提醒和鼓励她多使用敬语。但是在家中，很多母亲都会忘记这一点，放松了对孩子的要求，认为在家里使用不使用敬语是无所谓的事情。

其实，这是最错误的方式。母亲教育女儿讲礼貌、懂礼仪首先要做到的就是让女儿在外、在家的表现保持一致。母亲还必须知道，自己的行为会对女儿产生很大的影响。

当我第一次从女儿口中听到"滚开"这个词时，我真不敢相信我的耳朵，我开始反省自己平时的言行举止，然后发现自己无意中曾说过这个词语。从此，我开始对自己的言行举止格外注意。从那以后，我和孩子的爸爸约定都尽可能地用"请""好吗""谢谢""对不起"这样的言语来表达我们的需求或者歉意。

然后，没过多久，我惊讶地听到女儿开始这样对我说话："妈妈，请您帮我拿一下衣服好吗?"而在这以前她是这样命令我的:"妈妈,你快点帮我拿衣服来,快点快点。"

更难能可贵的是,当我给女儿买了礼物的时候,她也不认为这是理所当然的了,而是会发自内心地说"谢谢妈妈"了。

现在,不管女儿在家中,还是在外面,我再也不用为她的礼貌问题费心了。老师、亲朋好友都夸她是个讲礼貌的好孩子。

由此可见,当女孩的心智还未完全发育成熟的时候,她们往往分不清什么话当讲什么话不当讲,她会将妈妈作为模仿的对象。所以,在家中为孩子树立一个良好的榜样,让"运用礼貌用语"成为孩子的一种习惯,是对妈妈最基本的要求。

而这也是女孩子成长为气质淑女很重要的一点。

2. 懂得用引导的方式培养女儿讲礼貌,而不是强制性地告诉她应该说什么,或者应该做什么

女孩子的心灵就像花圃中的一株小花,她们需要正确的引导和培养。如果母亲强制让她们做一些母亲认为是礼貌的举止,但孩子本身并不理解的话,就好比是一种揠苗助长的行为,表面上看是成功了,实际上未见真正的成效。所以,想要教育女孩学会真正的礼貌,最好的方法不是强制让她们执行,而是引导她去体味其中的奥妙,带领她去感悟礼貌所能带来的更加美好的情感。有时候女儿也会有不愿跟人打交道的时候,这个时候我们通常不强迫她,而是以后再找寻适当的机会善意提醒她。

3. 不妨尝试让孩子学会互换角色来思考问题

有时候,当母亲无法用说教的方式来让女儿明白礼貌的重要性,不妨尝试引导她们站在对方的立场上,互换角色来思考问题。

比方说,如果你的女儿在和别人交谈的时候,无理且粗鲁地打断别人的话语，并且不体会别人心情、滔滔不绝地发表自己看法，你要知道这个时候如果用说教的方式去教育她，她显然无法理解其中问题之所在。你不妨尝试"以彼之道还施彼身"的方式，故意在她说话的时候，也"粗鲁"地打断她的话。之后再让她反思自己，这样她就能体会到她之前的举动是多么不恰当、多么缺乏礼貌了。

当孩子学会站在他人的角度思考问题，礼貌问题自然也就不再是什么教育难题。

懂得礼貌的女孩，永远是讨人喜欢的女孩。其实做一个有礼貌的女孩，并不是一件困难的事，只要注意从每一件生活里的小事、每一个小细节做起，自然而然就会养成这样的好习惯了。

公共场所保持安静

※

丹丹和小小去图书馆阅览室查资料，两个女孩在一起总是喜欢叽叽喳喳的，不一会儿，两人就无心查资料了，而是开始讨论最近很流行的偶像剧。"你看你看，他很帅吧！"小小指着一本娱乐杂志上的封面男星对丹丹说。丹丹说："一般啦，没有××帅啦！"两个人越说越起劲，越说越大声，居然影响到了周围正在安安静静看书的人而不自知。直到有一个阅览者再也无法忍受了，走过去对她们说："麻烦你们小声一点好吗？"丹丹和小小这才意识到自己的失态。

回家后，丹丹和我说起这件事。她有些委屈地说："真没面子啊，这个人有点过分，不想听可以不听嘛，还说我们影响了他！"我听后，对她说："他说得没有错啊，图书馆是安静看书的公共场所，不是茶话会，你和小小这样的举动确实不妥当。"

对于青春期的女孩来说，切忌在公共场合大声喧哗。时代在进步，现在的年轻人，已经很少会像上一代人那样在公共场合随地吐痰了，但是高声喧哗却牢牢地跟随着我们，挥之不去。

不得不注意，文明和粗俗可能只是一步之遥，每一个青春期的女孩都应当注意这一点。青春确实是可以张扬的，但是青春的张扬应该体现在张扬自己的个性，张扬自己的优点上，而不是体现在缺乏礼貌和教养的"大嗓门"上。

品德修养篇

※

善良的女孩最美丽

一个女人可以不漂亮，但是不能没有品德。一个有品德、有修养的人，会散发出高雅的气质。培养孩子做一个善良、充满爱心、尊重他人的人，是家庭教育中不可缺少的重要环节。

妈妈要做女儿的榜样，让女儿看到大人是怎样关心和帮助别人的，是培养女儿的品德修养最好的方式。孩子在爱与被爱的环境中成长，才能形成良好的人格，成为尊重他人、富有同情心、乐于帮助别人的人。

爱心，不可或缺

　　每次地震、旱灾、洪灾……丹丹都会捐出自己的一些零花钱。但有一次，她在网上看到消息说一些人打着慈善的名义骗钱，大家捐献的钱根本送不到灾民手上。女儿很苦恼，问我究竟要不要有爱心。

　　我告诉她，你是一个有爱心的女孩，这一点，妈妈很高兴。因为爱心是一种美丽的体现，是一种纯洁的力量。一个有爱心的女孩，拥有一种纯洁美。在生活中，没有爱心的女孩是很难受到大家的欢迎的，大家会觉得她冷酷无情，即便她长得再美丽，也很难拥有一种打动人心的力量。而如果一个外表平凡的女孩拥有一颗充满爱的心灵，她平凡的外在也会因为这种力量而变得美丽起来。

　　培养女孩的爱心，对于女孩的成长来说，是至关紧要的。

　　一个有爱心的女孩，能够及时地觉察到别人的心情，懂得站在别人的立场，因别人的欢乐、痛苦、烦恼、失望而感同身受。

　　和前文中所提到的家长对于孩子礼貌与否的潜移默化的影响一样，女孩对于爱心最初步的认识，也是来自母亲。但她们往往有一种通病：得到的关爱太多，付出的关爱却太少。她们认为她们得到的一切是理所当然的，于是她们当中的一些孩子会变得越来越自私，越来越冷漠，她们不懂得要分享食物、玩具、图书，不大能体会父母在工作和家务双重负担中付出的辛劳。

对于这个现象，作为母亲，不能一味地责怪女儿，而是应该反省我们是否对孩子言传身教了？我们对孩子的品德教育是否缺少了"培养爱心"这一课？我们是否总是教育我们的孩子做一切有利于自己的事情，而忽略了告诉她们对社会、对他人付出一点爱心的同时，她们能收获更多的快乐？

培养女儿的爱心，主要是从以下几方面着手。

1. 从小做起，落实在平时的点滴行动中

从丹丹3岁开始，我们就开始注意对她的爱心教育。当父母、长辈外出或回家时，我们告诉她应当在他们离开或者回来的时候，送上最真心的祝福；当家中有人生病的时候，要及时地问候；当有好吃的食物时，一定要考虑到长辈。

2. 从小就让女儿养一些小动物

女儿很小的时候就很喜欢小动物，从养小动物的过程中，她感受到爱的力量。无论是小猫、小狗、乌龟或者金鱼，都可以帮助女孩培养爱心。

3. 引导她们发自内心地帮助他人

告诉她们，帮助他人的同时，会收获更多的乐趣。在日常生活中，可以让孩子承担适量的家务，比如说主动帮爷爷浇花、喂鱼，帮妈妈洗碗，为邻居老人拿牛奶、传信件、送书报……让她们知道爱心应当是不图回报、不计名利的。有些母亲，因为怕影响女儿的学习，而不准她参加家务或社区劳动，这是最要不得的。这不但会让孩子变得冷漠孤僻，而且还会减少她与这个社会接触的机会。其实，如果在时间上安排得当，适量的劳动与专注的学习并不矛盾，可以交叉进行，不但有助于调节孩子大脑不同区域的负荷，还有利于提高学习效率。

4. 学会与她一起成长，在交流中成为她学习的榜样

如果母亲有时间，可以与女儿一起吟诵古诗《游子吟》，让女儿体会"慈母手中线，游子身上衣。临行密密缝，意恐迟迟归。谁言寸草心，报得三春晖"的寓意，或者同她讲讲《孔融让梨》《黄香温席》的故事，用古人充满爱心的行为去感染她。同时，也要注重扩大她的视野，可以和她一起看纪实新闻，让她了解生活并非一帆风顺，在痛苦和不幸中挣扎的人还有很多。这样做，可以让她们知道现实不是只有美好，也有助于培养她们的爱心和宽容心。

善良的人更快乐

女儿每次看到马路上行乞的人，总觉得他们很可怜，于是每次都会给他们一些硬币。然后有一天，她看到新闻里说，原来很多乞丐都是骗子，他们并非没有生活自理能力，也并非没有自食其力的能力，他们很多都是有组织地乞讨，有固定的乞讨地盘，很多乞丐都有固定的上班下班时间，每天乞讨完毕，就换上正常的装扮了。女儿看了之后，觉得受到了欺骗，觉得自己的善良成了被人利用的工具。她问我："为什么人人都说要拥有善良的品质，而我却觉得善良的人太笨了，太容易上当了？"

我告诉她："在这个世界上，善良的人总是比较快乐，但是不可否认，有些心地不善的人会利用别人的善意，但是这样的人毕竟是少数。在你施舍的那些乞丐里，妈妈也相信并非每一个都是骗子。更何况，在你帮助他们的过程中，你体会到了快乐，妈妈相信那一刻的你，是非常美丽的。"

善良是一种高贵的品质，是每一个花季女孩都应当拥有的品质。可能在孩子成长的过程中，她们会发现，她们的善良成了别人利用的工具，这会让她们疑惑，自己的善良是否应当保持。为了避免再次受到欺骗，她们也许会选择隐藏起自己的善良，让自己成为一个"冷酷"的女孩。对于母亲来说，在女儿的成长过程中，为了避免让女儿走入误区，应当用正确的方式引导女儿成为一个善良的聪明人，并且让她明了，正是因为有无数像她这样善良的人，世界才会越来越美好，骗子才会越来越少。而善良女孩的一举一动都充满了魅力，是这个世界上最美丽的风景线。

如何培养女孩的善良心呢？我想，和爱心一样，还是应当从细节做起。

西方有句谚语是这样说的：爱花的人是爱美的人，爱动物的人是善良的人。而中国儒家学派的代表人物孟子对"仁"的解释是：亲亲、爱民、惜物。对于善的理解，东西方竟然非常一致——惜物。所以说，如果我们希望女孩有善心，平时要注意不要让孩子随意浪费一张纸、一滴水；不要让孩子虐待一只小猫、一只小鸡。要记住，所有的善良本质都是从小事培养起来的。

除了注意细节之外，母亲还要懂得为孩子创造一个亲切、友爱且充满善意的爱的环境。在这个环境中，女孩可以感受到处处充满着善意的爱。从小的生活环境对人思想的形成有着至关重要的影响，冷漠的环境造就冷漠的女孩，充满爱的环境造就懂得爱的女孩。

当然，母亲也必须及时地"赏识"女儿做出的"善意"举动。从科学的角度来说，如果孩子的善意得到了肯定，那么她会继续保持下去，也许最初的动机是为了得到更多的赏识和肯定，但是久而久之，养成了习惯之后，便会对她的人生观、世界观产生影响，由最初的动机转变为自发的"善意"。作为家长，千万不要吝啬自己的赞美。

善良是一种最美的品德。善良的女孩有一种灵动的气质，有一种由内而外散发出来的美。善良并不意味着愚笨，也不意味着被欺骗。善良的人，总是比较容易快乐，比较容易满足，总是懂得在崎岖的人生道路上，用她那善良的眼睛去发现美丽，去发掘生命的真谛。人生的道路上，有荆棘，但更多的是美好的风景。你善良地对待这个世界，这个世界也善良地对待你，你的善良让你身处这些美好的景色中时，你自己也显得美好起来。所以，无须因为一时的被欺骗而耿耿于怀，因为比起这些个体来说，更多的人会因为你的善良而爱你。

聆听是尊重他人的表现

※

　　一次，我和女儿一起去亲戚家，大家很久不见女儿，格外热情，拉着她问这问那。那个时候，电视里正在放女儿最喜欢的连续剧，女儿就一边看电视，一边跟别人聊天。别人的问题总要问三四遍女儿才"嗯，啊……"心不在焉地回答。回家后，我批评了女儿，告诉她，聆听别人的讲话，是对他人的尊重，更是对自己的尊重。

　　青春期女孩，懂得聆听的人已不是很多了，无论是和家长谈话，和老师谈话，和朋友谈话，她们似乎总有说不完的话，而忘记了去聆听别人的心声。

　　我告诉丹丹，聆听别人，是对别人的尊重，更是对自己的尊重。而且聆听别人的话，也能对你自身的素质起到一定的提升作用。

　　其实每一个女孩都应该知道，懂得聆听是一种最好的修养。不但如此，聆听在搞好人际关系中具有十分重要的意义。比较人际关系融洽与人际关系不良的人，不难发现，懂得聆听他人意见的人，人际关系就显得比较融洽，因为聆听本身就是尊重对方的表现，若能耐心地倾听对方讲话，就意味着告诉对方"你是一个值得我倾听的人"。而这种举动会在无形之中让对方感到被尊重，有利于加深彼此的感情。如果不懂得聆听的技巧，在别人说话的时候，你显得心不在焉，就容易使对方的自尊心受挫。公众礼仪除了穿着打扮得体之外，还包括能认真聆听别人讲话。当周围的人意识到你能耐心倾听他们的意见时，他们会自然而然地乐于和你接近。这样，你就可以与很多人进行思想交流，建立较为广泛的、融洽的人际关系了。

年轻的女孩不妨学习一下聆听的技巧。根据一些学者的研究表明，聆听的技巧主要分为以下三种。

1. 耐心地聆听

耐心是一种素养。因为对于一般的交谈而言，往往并不是每一句话都包含着重要信息，有时，一些普通的对话，也许对此你已经相当熟悉，但对方却说得眉飞色舞。女孩们要记住，在这个时候，出于礼貌，出于尊重，你要保持耐心，切忌表现出不耐烦的神色。心理学家的研究表明，我们的说话速度是每分钟120～180个字，而思维的速度却是它的4～5倍。所以，对方还没说完，我们也许早就理解了；或者对方只说了几句话，我们就已经知道了他所要表达的意思。这个时候，也许我们的思想就会开小差，注意力就会不集中，出现心不在焉的神色，对于对方的话充耳不闻。如此一来，对方就会感到不受尊重。所以，听人谈话时，要保持精神集中，不要东张西望、心不在焉，更不能看书看报、修指甲、剔牙、掏鼻孔、挖耳朵、搔痒、卷裤腿、脱鞋等。这些都是严重的不礼貌行为。退一步说，就算你认为对方的谈话对你没有帮助，也不要皱起眉头，或者激烈反驳，你可以尝试用改变话题的方法暗示你不希望再谈这个话题了。

2. 虚心地聆听

在日常生活中，我们交谈的主要目的是沟通，是联络感情，不是演讲比赛，更不是辩论。所以，当别人说话时，虚心聆听的态度是最适合的。有些骄傲的女孩会在交谈前先对对方抱某种成见，先入为主地认为对方的谈话没有价值，或者是夸夸其谈。如果有了此类成见，显然不可能把对方的话听进去。还有一些女孩觉得自己知道得比对方多，常常不等人家把话讲完就打断，以至于不顾对方的想法而自己发挥一通，这也是不尊重对方的表现。在一般公众场合里，如果不赞成对方的某些观点，不妨以婉转的口气这样说："这个问题值得我想一想。"或"我对这个问题的看法是这样的……"应当选择用礼貌用语，而不能粗鲁地打断别人的谈话。如果你认为对方的观点是错误的，并且想纠正，可以在不伤害对方自尊心的前提下这样说："我记得好像不是这样的吧!""似乎有另外一种说法……"如此一来，对方便能心领神会，不会造成不必要的误会。总之，女孩子要记住，在这种场合下，不要得理不饶人，不要像参加辩论一样的雄赳赳、气昂昂。

3. 用心地聆听

所谓谈话，并不是被动地接受就行了，还应该懂得主动与人交流，这就需要用心聆听。交谈的时候，要懂得和对方用目光交流，可以做出点头的姿势，也可以有意识地重复那些你认为比较有价值的、比较有意思的话。如果一时没有理解对方的意思，或者心中有些疑问，可以尝试以富有启发性和针对性的问题来抛砖引玉。这样，对方就会觉得你听得很专心，对他的话很重视。要记住，不管你意识到与否，你的表情会"泄露"你心中的想法：如果眼睛凝视对方，说明你对他的谈话有兴趣；如果你不停地东张西望，则说明你心不在焉；还有些人会下意识地看看手表，这可能意味着你听得无聊，不想再听下去，急于离去。以表情对谈话作呼应时，一定要注意与对方的神情和语言相配合：当对方说笑话或幽默话时，你的笑声会增添他的兴致；他说得紧张时，你的屏息凝神则强化了紧张的氛围。当然，表情不能太夸张，如大惊小怪地挤眉弄眼、尖声大叫等，不但不自然，反而显得造作，会使人觉得你缺乏修养，甚至滑稽可笑。

批评他人要婉转

一次，女儿邀请同学到家里来玩，大家决定一起来做饭。有一个同学名叫雯雯，雯雯平时一直都说自己擅长烧菜，于是这天，丹丹就叫雯雯负责炒菜。谁知道雯雯并不是真的擅长，做饭的时候一会儿忘记了放盐，一会儿忘记了放味精。丹丹实在看不下去了，当着雯雯的面说："唉，你这人吹牛不打草稿的啊！还说自己擅长做饭呢，真是吹牛大王啊！你看，本来今天安排好的计划全被你打乱了！你自我检讨去吧！"

我看在眼里，急在心里。事后，我告诉丹丹，不应该这样不顾及雯雯感受就在众人面前批评她。因为这样的批评会让人很难堪。批评，也是要讲究技巧的，婉转的批评比起口无遮拦的责备，更加容易让人接受。批评不是训斥。有容德乃大，有忍事乃济。要做到无痕的批评，容忍是最重要的素质。

女儿问我，如果对方真的做错了该怎么办呢？我告诉她，如果对方确实做错了，你可以适当地提出批评，但批评时必须注意方式、方法。例如，在批评别人之前，应先让对方充分说明情况：或许他是迫不得已犯了错误；或许是无意犯了错误；或许只是方法欠妥，但动机却是好的，等等。等到整个情况都了解清楚后，我们每每能发现当事者在全部行为过程中，也总有某些可取之处。因此，必须从肯定对方的可取之处入手，再进行批评，这样就能让人容易接受了。对方在获得公正的赞扬后，情绪必然会得到松弛，往往能以冷静的态度进行思考，也许倒能主动地做自我批评了。再如，一个行动有错误的人，常有防卫自尊的倾向。如果这时批评者再以权威的面孔指责他，将促使他增强防卫倾向，并使其自尊心遭到极大挫伤。因此，在批评别人时，应尽量避免伤害他人的自尊，宜用诚恳的态度、平静的口吻、不含讽刺意义的词句，要尽量使对方感受到批评背后的善意和友情。善意的批评与挑剔不同。挑剔是有意暴露对方的弱点和短处，目的是要打击对方；善意的批评目的是帮助对方，是促使对方挖掘自己的长处，发扬自己的优点。不言而喻，善意的批评有助于增进同学间的人际关系。善意的批评，可有以下两种方式。

1. 犹抱琵琶半遮面式的批评

批评不在于语言的尖刻而在于形式的巧妙，其关键是朦胧、含蓄。有一位老师在上语文课时，指名要一位学生来读课文，这位腼腆的男生用几乎无法听得见的声音念完了这段课文。老师叫他坐下，然后对全班同学说："刚才这位同学把指导员的话读得很到位，大家从他这'微弱'

的声音里体会到了指导员所负的伤有多重了，不过，其他的部分要是他能读得再响亮些，会让我们更能感受到文章表达的情感。"这一番话，批评之意便依稀可见了。以后，每叫到这位学生起来读课文，他都读得很到位。这种犹抱琵琶半遮面式的批评，确实能达到使人接受的作用。

2. 正话反说的批评

古语云："将欲取之，必先予之。"在批评别人时，故意正话反说，可能更有效果。让我们再来看看这位老师的例子。有一次，她在学校里抓到两个抽烟的男生，她并没有横加指责，而是给同学们讲了个笑话："今天我给大家讲讲吸烟的好处。第一大好处是可以防小偷。因为吸烟会引起咳嗽，晚上一咳嗽，小偷就不敢来了。第二大好处是永远年轻。烟吸得多了，寿命就会变短，这样就永远别想老了。"老师这番诙谐的反语把吸烟的害处表现得淋漓尽致，使学生在笑声中感受和明白了老师的用心良苦。那两个男生从此再也不抽烟了。

除此之外，还有借己道人巧批评、对比揭示喻批评、褒贬有致妙批评等。总之，切记批评要婉转，才能达到理想的效果，才有助于女孩更好地与人交往。

真心赞美他人

一位朋友特别有人缘，无论老少都特别喜欢她，乐于把她当成自己倾诉的对象。这位朋友有人缘的原因很简单，就是经常真心地赞美他人。

　　青春期的女生，为了搞好同学间的人际关系，也必须学会诚心地赞美他人。当我把这个观点告诉丹丹时，女儿很不屑地说："有什么好赞美的嘛，他们这些优点我也有，而且赞美别人会让人觉得我在拍马屁。"我告诉她，希望得到别人的赞扬是人的一种心理需要，就像你我都需要别人的赞美一样。通常我们可能由于太注意自己，因而不常能发现别人的可赞美之处。事实上，只要我们能对别人多注意观察，并且不嫉妒别人，则常可发现他人有许多可赞美之处。

　　赞美和拍马屁是有区别的，我们所说的赞美是指诚心诚意、实事求是的赞美。如果明明对方不具备这项优点，而你虚伪地去说一些应酬话，言不由衷地说一些阿谀之词，别有用心地恭维、逢迎和吹捧，这就是拍马屁了。我告诉她，就算是自己不喜欢的人，身上也是有闪光点的，在与朋友相处时，要多看到对方的优点并适时地进行赞美。我告诉她，原本妈妈也不是一个会赞美他人的人，看人经常会看到别人的缺点。但在与那位特别有人缘的朋友交往后，发现她每次都能适当地给予人赞美与肯定，所以她活得很开心，也有很多朋友。受到这位朋友影响，妈妈也适时地改变了自己的处世方式，真心地对他人进行赞美，于是妈妈也开心了很多，也有很多真心的朋友。

　　女儿听了我的话，思考了一段时间。过了几个月后，女儿放学回家，开心地对我说，她现在与同学的关系融洽了很多。

　　我告诉她，有付出一定会有收获。赞美别人肯定能为自己带来更多的朋友。但是赞美一定要真心。虚伪的赞美，不仅不能增进人与人之间的友谊，反而会让彼此之间产生隔阂。

适当的幽默很重要

　　女儿是一个缺乏幽默感的人，不论说话还是做事都是一本正经的。有次，她愁眉苦脸地告诉我，和同学一起出去玩，有的同学讲笑话能逗得大家哈哈大笑。为了吸引同学的注意，她也特意准备了一个很好笑的笑话。可是当她讲出来的时候，却没有一个人笑。这让她很受打击。

　　我问她，你是怎么讲的呢？她告诉我，前面声情并茂，讲到快结束的时候，因为自己觉得很好笑，于是还没讲完就笑个不停。我笑着对她说，如果笑话还没讲完，自己就先笑个不停，大家都没听清楚你在说什么，当然不会笑了。

　　无须因为自己讲的笑话没人笑就受打击。因为幽默来源于生活，不是说培养就能马上培养的。有些人天生就具有幽默感，有些人天生就比较古板，所以自己幽默感不足也不用沮丧。

　　但是，毫无疑问，善用幽默的女孩比古板严肃的女孩更有魅力，更容易获得老师及同学的喜爱。

　　我告诉女儿，可以适当地说一些好笑的脑筋急转弯或智力问答，只要大家都能笑，目的就达到了。还可以把自己经历的比较尴尬的时刻声情并茂地讲述出来，一般人都有喜欢听别人糗事的心理。只要你敢于面对自己的经历，把自己尴尬的事情讲给大家听，这本身就是一种幽默。记得我的一位朋友经常跑进男卫生间，她把自己的这些尴尬经历原汁原味地讲出来，把所有人都逗得哈哈大笑。

另外，有时候一些机智的回答也会让人觉得你幽默感十足。记得一次我参加小区邻居的聚会，大家看着满桌的饭菜都对女主人的手艺赞不绝口。所有男人都感叹：好太太就应该这样。这让席间的女性都尴尬不已。这时，一位女士幽默地说："我觉得像我这样也是好太太啊！"大家都知道她虽然是全职太太，但什么家务都不会做，家务全是老公包了。大家听了她的话，都哈哈大笑起来，女性的尴尬也就化解了。

听了我的话，女儿认真地开始实践起来。一段时间后，她告诉我，自己好像没以前那么古板了。但有时候还是觉得自己没他人那么幽默。我告诉她，人的性格在一定程度上决定了自己是不是幽默。如果自己真的不是那种会急中生智、逗笑他人的人也不用担心。做一个好的听众也是一件很开心的事情。交一个会幽默的死党，听她说一些开心的事情，自己也会变得开心。如果她告诉了你一件很有趣的事，你也可以把这件事讲给别人听，可能你讲出来的"笑果"没有别人说的那么好，但还是可以引人开心一笑。

我们必须要知道，在当今社会，幽默是体现女孩社交魅力的标准之一，没有幽默感的女孩是一个缺乏魅力的人。女孩子应该将自己的幽默感带到生活中去，运用幽默来和人相处，在学习、交友、生活、娱乐，包括今后的工作当中，都恰当地运用幽默的力量，把幽默和生活有机结合起来。

社会关系篇

女孩要培养自己的高情商

　　女孩子到了一定的年纪，就不得不开始学习社交的技巧了。一个懂得社交的女孩，无疑是一个讨人喜欢的女孩，比起那些不善交际的女孩子来说，她们更容易获得成功。她们懂得社交的基本礼仪，懂得一个微笑的作用，懂得什么话应该说、什么话不应该说，懂得在什么场合做出什么举动；她们幽默而乐观，让和她们接触的人都如沐春风；她们懂得用婉转的方式向别人表达她们的不满；她们懂得维持新老朋友的关系；她们乐于接受批评，知道批评能使自己进步；她们能为他人着想，并且不会把喜怒无常当作一种潮流或者个性；她们敢于向陌生人自我介绍，并且懂得和他人分享自己的快乐……

　　总的说来，女孩子在社交中要学习的技巧不少，听起来似乎也并不容易。但只要妈妈用正确的方式去引导她们，要学会也并不是什么难事。成为一个善于交际的女孩，对于女孩子今后的工作、学习、生活都有相当大的帮助。

宅，别宅成社交恐惧症

※

"宅男宅女"是指整天待在家里，活在幻想里的人。生活节奏加快，很多人一到休息时间就不想出门，闷在家里。他们很少和朋友交往，觉得和别人在一起娱乐也是一种负担。很多人因为缺乏与他人的交流与沟通，而患上社交恐惧症。

一个朋友，29岁时辞去工作跟随研究生毕业的老公到了一个小城，老公在一所高校任教，而她则待在家中，布置新居。她每天都是睡到上午10点多起床，穿着睡衣随便弄点吃的，吃完开始上网，下午5点时去楼下的超市买点菜，回来做饭，等老公回来，吃过晚饭要么看电视要么上网一直到凌晨。有时候懒得下楼，干脆打电话叫外卖。天长日久，她患上了严重的抑郁症，也特别害怕去人多的地方。

还有一个女孩，特别害怕与人交际，每次父母让她出门，她都要经历很久的思想斗争。她不敢出现在别人面前，害怕别人的眼神，更不敢与他人对视。但在网上，她却能交际自如，她有很多网友，但从来不敢与网友见面，害怕"见光死"。我问她为什么害怕出门，她告诉我，自己总是迈不出那道门，她很害怕自己表情不自然，更害怕与他人打招呼，看见别人，就算见过很多次，她还是会紧张，一紧张行为举止都不自然，连话都说不好。

这两个人都因为宅，而犯上了社交恐惧症。宅不是不可以，但不要因为宅而将"自闭"作为自我保护手段，逃避生活和工作中的压力。长时间在家，容易导致生活节奏混乱，导致基本社交技能退化。

总之，适当的"宅"是可以的，但也要多参加户外运动和社交活动，多培养兴趣爱好，增加自己在现实世界中与人交流的机会。

怎样和闺蜜相处

※

有一段时间，女儿告诉我，她经常失眠，原因只是因为她与最好的朋友吵架了。她让朋友帮忙做点事，朋友却找各种各样的理由推脱。对于怎样维护这样一段友谊，女儿不知所措。

我告诉女儿，朋友如果推脱，一定有她的难处，朋友之间最重要的就是相互理解，相互宽容，太过自我会让朋友觉得不舒服。

怎么去维护一段友谊呢？在朋友交往中，要注意一些什么呢？这是每一个妈妈都要给女儿上的友谊课。女孩应该怎样获得友谊呢?

首先要付出,要发自内心地关心同伴。当一个女孩感到周围的同学对她十分关心时,她心中就会产生一种温暖、安全的感觉,充满自信和快乐。《诗经》中说得好,"投我以木瓜,报之以琼琚"。当一个人受了别人的关心,于是相应地,她也会关心别人,这样的相互关心就会在彼此间形成一种友好、亲密的关系。

其次要懂得宽容。现在的很多孩子都太过自我,不懂得宽容。作为妈妈,要教导她们去理解宽容的重要性,要让她们明白,生活中充满了矛盾,误解到处都有,被人嫉妒和被人背后议论之类的事情也时有发生。我们必须宽容别人,礼让别人。

再次要懂得赞美朋友。希望得到别人的赞扬是人的一种心理需要。赞扬别人也并非是件难事,因为每个人都有值得赞扬之处。重要的是要诚心地赞扬别人。

最后要主动地去结交朋友。人际关系是在"互动"中发生联系和变化的。因此,在紧张的学习生活之余,不妨主动地找同伴谈心,讨论某些问题,交换一些意见,互相传递信息,这样可以加深彼此间的了解和信任。

人的一生中虽然有各种各样的机会去结交朋友,但是最纯洁的友谊,往往产生于中学时代。珍惜青春时的友谊会让自己的青春更美好。

有付出才会有收获

※

现在生活条件好了，孩子想要什么家里都能满足。但也正因为如此，很多孩子却不懂得为他人着想，不能吃一点亏。她们总是要求别人事事满足自己，却忘记了在社交中，人与人是平等的，当她们不断地希望别人满足自己要求的时候，却不愿意为别人付出。

一个朋友的小孩刚上幼儿园，有一天，老师让他们各带一个自己心爱的玩具去上学。第二天，孩子高兴地拿着自己喜欢的玩具去了，结果，当老师让孩子们把玩具拿出来跟小朋友交换的时候，搞笑的事情发生了，所有的小朋友都紧紧地把自己的玩具抱在怀里，不给别的小朋友玩。

这个事情除了引人一笑外，也让人担忧现在孩子的教育模式。小孩子在家里被长辈迁就惯了，在他们的行为模式里，就只有得到而没有付出，而且他们理直气壮地认为他们得到这一切都是应该的。于是，当需要他们付出的时候他们就不乐意。相信这样的小孩不是个例。

女儿曾经遇到过这样一件事情，坐公交车回家时，碰到一个老奶奶，看着老奶奶腿脚不便的样子，女儿毫不犹豫地把座位让了出来，老奶奶却赶紧让跟女儿年纪差不多的孙女过来坐着。孙女毫无愧疚地坐了下来，连句谢谢都没有。这让女儿气愤不已，她回家后愤愤不平地对我讲述了这件事，还说以后再也不给别人让座了。

听她说完这件事，我问她，难道你让座是为了得到别人的感谢吗？她毫不犹豫地回答："当然不是，不过我跟她一样大啊，我是让给她奶奶的，又不是让给她。"我告诉她老奶奶这样的做法确实过分了一点，不过从老奶奶的角度来考虑，她这样做也无可厚非，她只是希望自己的孙女能有一个舒适的座位。很多父母或长辈在照顾子女时，都希望自己的孩子能有好的生活，为了孩子的利益他们可以不顾他人的利益，不过这毕竟是偶然事件，并非所有人都是这样。

生活中的大部分人都还是懂得感恩的，不能因为某些人的极端做法就否定一切。在付出的过程中，可能会遇到各种各样的问题，自己也可能吃很多亏，但并不能因为吃亏就不做这些善事了。如果人人都从自身利益考虑，那么社会就会出问题。事实上，付出并非意味着吃亏。我们的生活中总是充满着得与失，它们并不是绝对的两个极端，往往是相伴相随的，是一种辩证的关系。

懂得为他人着想，看淡得与失，生活才能因此变得更加美好，女孩也能因此得到更多人的喜爱。老子曾说过："同于得者，得亦乐得者；同于失者，失亦乐失之。"这就是告诫人们，你得到了应该得到的东西，必然是你失去了必须失去的东西。乐于得必乐于失，有失才有得。吃亏是福，吃亏也许会让你暂时失去一些东西，但在失去的同时，你很有可能会得到另外一些更好的东西。这样，你就没有必要耿耿于怀，因为你知道此时的吃亏是为了将来的不吃亏，这样你就会心甘情愿地接受吃亏了。多少的成功人士无不是在吃了无数次的亏之后，才能取得事业的成功与辉煌的。他们懂得有时候吃亏只不过是表面的吃亏而已，吃亏后就会有更大、更多的获得。

当然，在教育女儿懂得付出的同时，妈妈首先要做好榜样，毕竟，妈妈的行为举止直接决定了女儿的世界观。如果妈妈在告诉女儿要付出的同时自己却对任何事情斤斤计较，这种说教就缺乏效果。对失去不要耿耿于怀，不患得患失才是生活快乐的源泉。

别拿喜怒无常当个性

女孩子进入青春期后，情绪经常会喜怒无常，有时候前一秒还嘻嘻哈哈笑作一团，下一秒就横眉冷对，好像别人亏欠她什么似的，不知为什么事生气。

我曾经遇到过很多妈妈跟我诉苦，抱怨女儿越大脾气越大，越爱使小性子。一句话说不好就摔门而出。其实，丹丹也有过这个阶段。有一次，她穿了一双自己超喜欢的新鞋去上学，但因为没注意地上的障碍而折断了鞋跟，这让她非常恼火。还有一次，她们小学同学约好了周末聚会，结果到周末，有好几个都因为临时有事而无法出席，于是丹丹那一天对谁都没有好脸色；有一次因为考试成绩不理想，丹丹在和朋友的聚会上突然言语尖锐，满口都是讽刺他人的言论，让人莫名尴尬……我发现丹丹的这种情绪后，告诉她："丹丹，这样可不行呀，情绪反复无常会让周围的人疏远你的。"丹丹立即反驳道："谁说的啊，人家说，这叫个性，这叫酷！"我告诉她，这不叫个性。有个性的女孩就算再生气，再愤怒也会懂得控制自己的情绪。

在对待女儿时，我也开始注意自己的方法，我开始把她当成大人，尊重她的意见。而不是老把她当小孩子。我告诉妈妈们这个观点，很多妈妈会很轻视地说：她就一个小孩子，懂什么呀？如果我不管她，她被人骗了怎么办？其实，越是把女儿当小孩，她们的逆反心理就越强。很多女孩直接与父母对着干，也有些女孩表面看起来接受父母的观念，但内心却不以为然，就是因为这个原因。

其实，青春期的女孩子已经不是懵懵懂懂的小姑娘了。进入青春期后，女孩子开始经历从女孩到女人的蜕变，她们开始了解女人是怎么回事，女人在家庭和社会中扮演着什么样的角色，她会开始思考自己能接受多少。因为受的教育比较多，接受的东西更新潮，她们开始对父母的一些观点表现出不屑，她们觉得很多事情父母并不懂，也不了解她们的心思。她们宁愿和同学一起讨论问题，寻找解决问题的方法，也不愿意与父母讨论。但在这种成长期，她们又变得特别敏感，所以周边人如果有一句话不合自己的意思，她们就会认为对方是针对自己，就会表现得喜怒无常。

因此，对待青春期的女孩，要像对待朋友那样倾听她的心声。可以让她参与家里的事情，听取她的意见。还可以把自己工作中的快乐、压力与她一起分享，让她知道成人的世界并不轻松。如果她有自己的小秘密，喜欢把自己关在房间里，也不用大惊小怪，毕竟每个人都需要有自己的空间，这并非是她有意疏远你，而是她成熟的标志。当她有男朋友时，既不用大惊小怪，大呼小叫表示反对，也不要表示很开心，连对方家是什么样的都要打听清楚。平静地对待这一切，因为青春期的女孩子很多变，虽然他们会用大人的眼光来看待一些事情，但她们毕竟是小孩子，处理事情并不成熟，父母表现过分，就会引起她们的反感。

当然，妈妈也要告诉女儿，在家里喜怒无常可以理解，毕竟家是最温馨的港湾，爸爸妈妈对女儿的事情都能宽容对待，但如果在外面也这样反复无常，就会引起他人的反感。在学习以及社交场合，情绪的失控会导致别人对你印象不佳，更甚者可能会导致人际关系的彻底失败。事后，也许会觉得后悔，但是要知道世界上没有后悔药可以吃，并非所有的人都能理解女孩的这种情绪变化，也并非所有的人都能容忍女孩们喜怒无常的脾气。因此，女儿必须要学会克制自己的脾气和情绪，才能在这个社会中更好地发展。

若想让孩子有效地控制自己的情绪，妈妈们不妨从以下几点教育孩子。

1. 保持清醒的头脑

告诉孩子，当你觉得自己的坏情绪在脑海中开始翻腾的时候，请必须提醒自己保持头脑的理智和清醒，告诉自己这不是四下无人的卧室，自己身边有许多人在看着自己，不能发怒，不能失态。保持清醒，是控制情绪的一种有效方式。

2. 转移注意力

告诉孩子，在受到外界的刺激之时，大脑会产生一系列的反应，这时需要做的就是立刻在大脑中建立另一个兴奋灶，不妨听听舒缓的音乐，看一场有趣的电影，或者一个人安静地独处一会儿，用这些去抵消或者削弱愤怒的力量，使怒气平息。比如说，当孩子正在盛怒之下打算与同学大吵一架的时候，不妨转头看看窗外的风景。

3. 回避

告诉孩子，当情绪已经无法克制的时候，不妨采取回避的策略，眼不见为净。也许这有几分"鸵鸟"的姿态，但是要知道，很多时候，避开矛盾的旋涡，也就成功解决了矛盾的一半。

4. 反应有素

告诉孩子，即便是在受到不公平的对待时，在人多的场合，你也必须要控制自己的怒气，因为如果你破口大骂，那么失态的只会是自己。心平气和、不抱成见地让对方明白他错在哪里，让对方知道他的行为触及了你的底线，用有尊严但不愤怒的方式告诉他，请他向自己道歉。如果对方依旧不能给予你尊重，那么对这样的人无须多言，无视他是对他最好的回击。

5. 推己及人

告诉孩子，尝试在生气的时候，站在对方的角度去想一想，从不同的角度看待问题，有时就会发现自己的生气是多么可笑，就比较容易理解对方的观点和行为。在大多数情况下，将心比心，就会发现生气和愤怒可能只是一场误会，这时你的满腔怒气就会烟消云散了。

6. 自我调侃

告诉孩子，当你实在忍无可忍、情绪要爆发的时候，你不妨试着自我调侃，和自己的内心进行一番对话，用自嘲的语气反问自己："我今天这是怎么啦，怎么和一个3岁小孩子似的。""何必和这样的人一般见识呢，真是的。"有时候，幽默和自嘲是控制怒气的好帮手。

7. 让孩子平时注重心理素质的培养

告诉孩子，如果一个年轻女孩很容易喜怒无常，那么除了环境的因素外，还必须从自身去寻找原因，是否一点小事就会使得你的心态发生变化？如果是这样，那么平时就要注重心理素质的培养。多看一些具有哲理的书籍，调整自己的情绪，或者在空闲时间学习下棋、绘画、书法、做手工艺品等能够培养耐心、修身养性的活动，通过这些方式可以磨炼自己的耐心和韧性，久而久之，就不会因为一些小事而喜怒不定。

不要故作成熟或幼稚

女儿曾经告诉过我，身边一些同学老喜欢装成熟，明明不明事理，却老是一副很有心计的样子，还喜欢穿着奇装异服混入不属于自己的所谓"社会上"的人群里。也经常有家长反映自己的女儿太成熟了，明明还是小孩子，说话做事却跟个大人似的，一点没有小孩子的天真童趣。

除了装成熟的，还有一类人就是拒绝长大，言行举止都与自己的年龄不符。朋友有一个15岁的女儿，特别拒绝长大，穿娃娃装，梳娃娃头，脚踩绑带的平跟鞋，背着印有加菲猫的卡通包，举手投足很像个孩子。

当我与女儿说起这件事时，女儿告诉我，其实她也很矛盾。她希望自己成熟一点，但她内心也一样拒绝长大。我问她为什么不想长大，她告诉我："长大了就不能无忧无虑了，你看新闻上，那么多人为情自杀，还有那么多大学毕业生找不到工作，光是听听就很烦了，如果这些事都落到了我自己头上，我不知道应该怎么办才好呢！"

我告诉她："其实，人有时候就是这么矛盾，当我们小的时候，老是希望自己成熟一点。但发现自己真的需要成熟的时候，又不愿意长大，不愿意承担责任，只想做爸爸妈妈一辈子的好宝宝，永远有人来替自己遮风挡雨。其实，每个阶段都应该做符合自己年龄的事。妈妈现在回头看看这些年走过来的路，才发现成长是一件最美好的事，在成长的过程中经历的风雨，经历的幸福，经历的甜酸苦辣，都是这辈子最难忘的。"

与丹丹一样，现在很多孩子都喜欢做与自己年龄不相符的事情，要么太成熟，要么太幼稚，这大多与现在的电视、网络发达不无关系。资讯的发达让孩子们了解的事情越来越多，而很多孩子本身喜欢模仿大人，希望自己成熟一些，不想父母、长辈再把他当什么都不懂的小孩子，因此，他们的行为举止无意中就会出现成人化的倾向。有些孩子则恰好相反，他们很享受自己被照顾、被宠爱的过程，他们觉得自己长不大就能得到更多人的关注，这一类孩子就会出现幼稚化的倾向。

其实，无论成熟或是幼稚，都未必是好事。少年要有少年的童真，女人需要女人的韵味，不同的年龄会带给人不同的感觉，因此做那些最适合自己年龄的事才是最适宜的。

在与女儿的相处中，妈妈的行为对女儿有着更为重要的影响。如果妈妈本身拒绝成长，女儿就更拒绝长大；妈妈没有责任感，女儿当然也不可能有责任感；妈妈依赖性强，心理脆弱，优柔寡断，以自我为中心，小家子气，这些女儿也都可能会有。就算有的女孩，外表看起来很成熟，她们也经常嚷嚷着已经长大，但在真正的困难面前，她们依旧会退缩，会想要去寻找保护伞，躲到父母的背后。

当女儿有这样的念头时，妈妈们应从以下几个方面着手解决问题。

1. 培养她们独立思考的能力

独立思考问题有助于帮助她们正确地面对人生。在思考的过程中，她们往往能够体会到成长意义。

2. 培养孩子的自理能力。

自己处理自己的事，不光是一句口号，也不是让孩子掌握几种技能就可以了，它需要成为孩子的一种习惯，天天坚持。因此，家长除了让她们体会到其中的快乐，愿意坚持以外，更要让她们知道自己的事应该自己做，不是帮爸爸妈妈做。如果孩子自己收拾了房间，不妨说："真棒，乐乐能自己收拾自己的房间了。"而尽量少说："乐乐真棒，能帮妈妈做家务了。"如果她们撒娇，不愿意自己做，也要坚持到底，让她们明白这是应该做的。

3. 培养她们独立解决问题的能力

中国的家长往往太宠爱自己的孩子，4～5岁的孩子还抱在手上，不肯让她们下地来自己走路，怕摔伤了。其实这种做法是最错误的，就好像学骑自行车的人，如果不摔跤就永远学不会，如果都包办了孩子应该做的事情，那么必然将使得她们失去独立解决问题的能力。培养孩子独立解决问题的能力，是让她们明白成长的第一步。

4. 让她们多出去结交新的朋友，多参加社会性的活动

5. 告诉她们妈妈自己的人生经历，让她们体会到其中的幸福和艰辛

6. 告诉她们，自信的人从不畏惧成长，有能力的人也不会因为一时的挫折而产生逃避的念头

总之，妈妈要让女儿知道，长大并非是一件恐怖的事。恰恰相反，成长的过程是很美好的。成长过程中的风景也是最美丽的。要做适合自己年龄的事情，因为承担责任是一件快乐的事，当孩子依靠自己的能力成功完成一个任务，或者独立解决一个困难的时候，这其中的成就感和自豪感是无与伦比的。

小心眼难伺候

※

俗话说："女人心，海底针。"很多女孩子都难免有小心眼的小毛病。偶尔表现一点小心眼会让别人觉得可爱，可是如果给人家留下斤斤计较的印象，以后想要在人际交往中再改变自己的形象可就难了！

记得有一次女儿回到家，闷闷不乐地对我说："妈妈，今天倒霉透了，坐在我后面的小强把我最喜欢的围巾给弄坏了！我恨死他了！"原来，下课的时候，女儿把围巾放在椅子背上，围巾的一角掉在了地上，小强没有看见，一脚踩在了围巾上。由于围巾是手工编制的，做工很精细，而男生的球鞋有钉子，所以硬生生地把围巾扯出个大洞来。虽然小强向女儿赔礼道歉了，但是因为这是女儿心爱的围巾，所以她一直愤愤不平。

　　我告诉女儿，太在乎一些无须在乎的东西，只会让自己的心更加劳累，人心的储存量就和电脑的内存一样，是有限的，堆放的东西越多，空间就越狭小，如果总是记得那些鸡毛蒜皮的小事，心胸只会越来越狭隘。

　　遇到自己不顺心的事情，需要的不是记恨，不是谩骂，而是心平气和地面对这些。要知道生活本来就充满了酸甜苦辣，人的能力和承受力都是有限的，斤斤计较无法改变这一切。

　　而且，每个人都有自己不同的生活习惯、世界观、信仰，有自己的长处和短处。我们生活在现代都市中，就需要时时刻刻与不同的人打交道。在与别人交往时，也许你会发现他人的缺点是你所无法忍受的，那么这个时候你不应该挑剔苛求对方，而是应该换个角度，发掘对方的特长所在，同时用一种善意的方式向他提出你的看法，帮助他改正自己的缺点。给人面子，又无损自己的面子，你的人际关系会因此而更上一层楼。不计较小事，不苛求别人，你会发现自己赢得了更多的时间和尊重。

　　我对丹丹说，不为小事斤斤计较，做一个宽容的女生，才会更有人缘。大气而宽容的女孩，不但自己的生活轻松、愉快，同时也能拥有良好的人际关系。毕竟"尺有所短、寸有所长""人非圣贤孰能无过"，要学会包容别人的错误，一个不能原谅别人的人，永远是痛苦的。还记得莎士比亚的忠告吗？不要因为你的敌人而燃起一把怒火，灼热得烧伤你自己！还记得富兰克林的名言吗？对于所受的伤害，宽容比复仇更高尚。因为宽容所产生的心理震动，比责备所产生的心理震动要强大得多。用宽容对待他人，用一种既无损自己的颜面，又不会使他人难堪的方式，两全地处理人际交往的难题，这样才能使人心存敬佩，为自己赢得更多掌声。

当然，大气和宽容也不是无条件的。对于挑拨是非、两面三刀、落井下石、背信弃义的小人，对于胡作非为、不知善恶、屡教不改、兴风作浪的恶人，宽容和大气也是毫无必要的，宽容和大气只对于那些值得相待的人，只针对那些不违背你人生原则的小事——大事讲原则，小事讲风格。

乐于接受批评

※

女儿平时喜欢听好话，听赞美。她的作文写得很好，书法也很不错，最喜欢听关于这方面的赞美。可是有一次，有一个同学看了她的作文后，说："你写的作文给人一种为赋新词强说愁的感觉呢。"女儿生气了，说："谁说我写得不好，你写得还没有我好呢！凭什么批评我呀！"回到家里，她把这件事告诉了我，她说："她一定是在嫉妒我！一定是这样的！"

看着她怒气冲冲的样子，我告诉她反应过激了，面对批评，无论是善意的或是恶意的，都要有一个良好的心态。别人提出他们的看法时，要虚心地听取他们的意见和建议，不要着急为自己辩驳，更不要对他人进行人身攻击。当你意识到别人提出的看法确实比自己的周全，也确实指出了自己的不足之处时，就必须要正视自己的问题，尽自己最大可能来弥补自己的过失。如果对方是恶意的批评，那也一笑置之，不必理会，更不用耿耿于怀。

人都喜欢听好话，尤其是女孩子，别人的一句赞美也许会让她喜形于色，得意不已。而对于批评，就不见得人人都能接受了。很多女孩对于批评，要么反驳否认，要么置之不理，更甚者委屈流泪，让人觉得似乎受到了莫大的欺负。

女孩不但喜欢听好话，还希望身边的人都能宠着她，爱护她。记得在电影《河东狮吼》里，张柏芝对古天乐说过一段台词："从现在开始，你只许对我一个人好；要宠我，不能骗我；答应我的每一件事情，你都要做到；对我讲的每一句话都要是真话。不许骗我、骂我，要关心我；别人欺负我时，你要在第一时间出来帮我；我开心时，你要陪我开心；我不开心时，你要哄我开心；永远都要觉得我是最漂亮的；梦里你也要见到我；在你心里只有我！"这段台词被很多女孩奉为经典。然而梦想毕竟是梦想，在现实生活中，女孩子若真能找到这么一个男人，简直是碰到了天大的好运。大多数时候，你也许找不到这么一个万事皆能包容你的人。这么说吧，如果真有一个真心能对你提出善意批评的朋友，也算是修来的福气了。要知道阿谀奉承人人都会说，也人人都喜欢听，但忠言逆耳，要说出口，是需要一定的勇气的。但往往，善意的批评却容易被人当作"毒药"而自动过滤掉。

衷心的赞美固然让人心情愉悦，然而善意的批评更是女孩社交道路上取得成功必不可少的条件，一个人不可能时时刻刻都在做着正确的事，是人就难免糊涂，难免走上弯路。如果这个时候，有人能在身边提醒一下，对错误的行为提出批评，那么我们才可能在第一时间纠正，以免酿成大错。

从现在开始，你要有这样的心态——如果有谁对你提出批评，那么你要开心。你必须要知道：1. 对你提出批评的人正是真心关心你，希望你进步的人。回首看看我们走来的路，也许你自己也会有这样的感受：对于自己越是在乎的人，就越是苛刻，反而对于一些无关紧要的人，倒显得大度。的确如此，只有当你真正在乎一个人时，才会对他的要求格外高，你对他提出批评是因为希望他能做得更好。所以推己及人地考虑，在听到批评时，千万不要有抵触情绪，审视自身的问题，再做出改正。那些不希望看见你进步，见不得你好的人，是万万不会对你提出批评的，他们只会用糖衣炮弹迷惑你，直到你亡羊补牢为时已晚之时，他们会嘲笑你。2. 有批评就意味着有进步。为何这样说？时代在进步，当你做出一个决定的时候，也许下一步马上要开展行动，在行动的过程中，也是一环接着一环。时间就是金钱，时间就是生命，如果你犯下了一个自己没有意识到的错误，没有及时被指出来，那就意味着浪费了更多的时间和生命。批评得越早，改正得就越及时。

与嫉妒和骄傲说再见

　　记得女儿读初二时，班上转来了一个新同学。女儿看到她的第一眼就不喜欢，因为她看起来很骄傲，走路时常抬着头，似乎目中无人，言谈间也会流露出自己比别的女生高一等的姿态。那个女孩长得比较好看，身材也好，所以班上的男生都乐意去和她说话，常常有意无意地注意着她。这样一来，班上的女生就更不满意了，大家常常在上体育课的时候故意排挤她，并且不怀好意地说："你有什么了不起呀，就是长得好看一点而已嘛！"这就是骄傲带来的烦恼。

　　当女儿告诉我这件事时，我告诉她，骄傲和嫉妒都是女人的大敌。

　　一群女生在一起叽叽喳喳的时候，不难听到这样的问题：为什么她们漂亮、聪明，却得不到自己想要的？在说这话的时候，虽然她们是用疑问的句式，语气里却是反问的意味，神色也不自觉地流出一种骄傲和不屑。这样的疑问让旁观者哑然失笑，当一个漂亮的、骄傲的女孩因为自己的"资本"而更加目中无人的时候，无论谁都不会觉得她们可爱，因为在她们的脸上写着"骄傲"两个字，使得周围的人纷纷绕道而行。

骄傲的女孩也许有一些能够让她们高昂着头颅走路的东西，比方说容貌，比方说家庭背景，又比方说学历。

而嫉妒则是女孩生来如影随形最亲密的"伙伴"。从懂事开始，嫉妒就一直伴随着。幼儿园的时候，她会因为与自己玩得好的小朋友突然与别人走得近了忽略了自己而生气；小学的时候她会因为老师表扬了同桌而觉得不满……

男孩的大而化之常常让男人对于一些不尽如人意的问题采取顺其自然的态度，他们不像女孩那样容易胡思乱想，也许睡一觉，他们就能把那些问题抛诸脑后。然而女孩却并非如此，女孩心思细密，常常纠结于一些细枝末节的小事，她们会在意同伴的裙子是否比自己的好看，会因为朋友的一句无心之言而郁郁寡欢。

一旦嫉妒，视线就变得模糊，看不清应该看清的道路，不自觉地就走上了歪路，甚至走火入魔，亲手毁掉了自己的幸福和成就。曾经上海轰动一时的"杨玉霞泼硫酸案"中，一个名叫杨玉霞的28岁女子，因与有妇之夫徐某发生感情，先后向无辜的徐某的妻子顾夏萍、女儿徐丽君浇泼高浓度硫酸，造成她们的面部和身体严重受伤，3个月后，杨玉霞本人被执行枪决。事情的起因就是嫉妒，放眼望去，各大报纸、网站的社会新闻版，因妒生恨造成的悲剧为数不少，嫉妒真是女性必须尽早摆脱的心魔！

当看到别人强过自己，取得比自己高的成就的时候，不要怨恨，更不要企图把别人拉下马，损人不利己的事情永远是得不偿失的。而是应该虚心地向对方请教，肯定其成绩，然后寻找自身的不足。

远离"骄横""嫉妒"，做一个谦虚、乐观的女孩，这样才能在人生的道路上走得顺畅。

随便打断他人，不礼貌

青春期的女孩子，希望自己能得到足够多的关注，也想表现自己懂的知识比别人多，有时候就会不由自主地打断别人的话。事实上，在社交场合，最令人反感的那类人就是随便打断别人讲话的。这样的人无疑会给人留下没涵养的恶劣印象。

有一段时间，女儿就有这个毛病，只要家里有人来，大家说点什么，她都喜欢竖着耳朵在旁边听。听了个一知半解，也不等别人说完，就自顾自地发表起自己的高见。发现她这个问题后，我告诉她："在和别人交谈的时候，无论别人说的事情是你知道的也好，不知道的也好，都要让人家先把话说完。如果你有不同的看法，让别人先说完，再表达出来，不要总是打断别人讲话。打断别人讲话容易给人留下缺乏教养的印象，而不讨人喜欢。"

我对丹丹说，年轻的女孩想要表达自己的心情可以理解，青春期正是心高气傲的阶段，总是以为自己的观点才是正确的。但太爱表现就不对了。很多青春期的女孩子都太骄傲，甚至听不进别人的一点不同的看法，当别人说话的时候，她们迫不及待地要表达自己不同的观点。在青春期，这可以视作爱表现的心理。爱表现并没有错，但是如果体现在打断别人的讲话上，就是很不好的习惯了。给人留下没教养的印象不说，还容易形成一种自负的心态，而如果任这样的心态和习惯发展下去，就会失去朋友，造就一种自高自大、自以为是的个性。而这样的性格，无论是在学校中，还是将来在社会中、工作中，都无法得到别人的认同。有很多在学校学习成绩很好，走入社会却格格不入的大学生，就是因为环境让他们太过自负，而无法客观衡量他人和自己。

在与人相处时，一定要收起自己的锋芒，把尊重他人摆在第一位，即使这个人是自己非常讨厌的，也不要把嘲讽写在脸上，毕竟"三人行，必有我师"，听听别人的观点，也能丰富自己的知识。就算别人说的话题你不感兴趣，也要时刻提醒自己，耐心点，再耐心点，而不是急于打断别人。

换个角度想，如果自己说话的时候，有人不分青红皂白，甚至没有听清楚你的观点，就打断了你发言，并且趾高气扬地"指点"你，告诉你你的观点是不对的，你会有什么感觉呢？多一些尊重，多一点耐心，人际关系就会变得更美妙。

恰当地表现自己

※

丹丹曾有一个阶段很爱表现。带丹丹去别人家玩，这家的女儿弹得一手好钢琴，大家都在赞美她的时候，丹丹冷不丁冒出一句："这没什么了不起，我也会啊！"带丹丹去参加公司的拓展活动，有个年轻的女孩穿了一双昂贵的运动鞋，大家纷纷在看的时候，丹丹不屑地在边上说："去爬山还穿新鞋子啊？"有时候，夸别的孩子优点的时候，丹丹就会按捺不住地向妈妈表示自己也能做到。同事以为这是丹丹的嫉妒心在作怪，其实，这不是嫉妒，只是青春期的"爱表现"在作祟。

爱表现，是青春期孩子的"通病"，或者与其说是"通病"，不如说是一种青春的见证。对此，家长无须太过担心，更不要去压制她们表现的欲望，因为压制只会扭曲她们的心灵。然而家长在必要的时候，应当引导女儿的表现欲，不能让这种表现欲太过漫无边际放肆地张扬，一旦过头，就会造成孩子目空一切妄自尊大的心理，使得她们看不见别人的优点，却无限放大自己的优点。就好像一株植物，你局限它的生长空间，会造成它姿态的扭曲，但如果你放任它的生长，又会造成枝丫乱窜的局面，所以适当地修剪是必要的。

青春期的女孩喜欢在同龄人面前表现出自己胜人一筹。仔细观察就会发现一群青春期女孩在一起的时候，会讨论衣着、才能、兴趣爱好等话题。这个时候，女孩们总想在其中脱颖而出，表现出比别的同龄女孩高出一等。这也许部分是出于虚荣心（每个人都有虚荣心，合理地利用虚荣心有助于更好地发展自我），但更大部分的原因是青春期女孩都有一种自我表现的欲望。俗话说得好，人不张狂枉少年，这是一种最自然不过的人格体现。

当长辈在她面前表扬别人的时候，她会迫不及待地展示自己的优点，以证明自己不比别人差。作为妈妈，也是从少女时代走过来的，对此应当是深有体会。这是青春期不服输的心态，也是一种渴望得到更多认同的心理。

对于青春期的女孩来说，总希望自己是小伙伴中最优秀的那一个。然而并非事事都能如愿，有时候当她们渴望拥有某些才能或者某些事物但却无能力拥有的时候，她们会采用夸大或者吹牛的方式引起别人的注意。

她们还会今天想学这个，明天想学那个，并且热情来得快去得也快。作为家长，也许经常会碰到这样的情况：今天女儿告诉你想学钢琴，明天又告诉你想学书法，后天也许她会说想去学日语，然后又过了几天，她将之前的喜好忘得一干二净，又告诉你想去学做蛋糕。这与其说是女孩喜新厌旧的通病，不如说是她们的表现欲在作祟，希望自己能够因这些才能而得到别人的瞩目和赞赏。

最重要的，青春期的孩子会盲目地模仿电视里明星们的一举一动。明星对于青春期的女孩们来说有着莫大的吸引力，因为媒体对于明星的追捧让他们充满了神秘而耀眼的光芒，这些都是青春期的女孩可望而不可及的，但她们对此充满了向往，她们渴望有一天也能像这些明星一样站在闪光灯前，展现自己的美丽。

家长只要了解了女儿这样的行为举止出于什么心态，就不会对她们的行为过于苛求。但对于家长来说，如果不采用正确的方式引导孩子的表现欲，很有可能会让她们的行为过激，从而造成不好的心理影响。

对于家长来说，可以从以下几方面来引导女儿的表现欲。

1. 当她热衷于在同龄人面前滔滔不绝的时候，家长可以告诉她，勇于展现自己的观点是好的，但是也要留一点展现的机会给别人，因为一个不懂得顾及别人感受的女孩不是一个讨人喜欢的女孩。可以让她设身处地地想一下，如果她的朋友在她的面前不停地夸耀自己，全然不理会别人的看法，甚至不给别人说话机会，她会做何感想？是不是觉得这个人自大而惹人讨厌呢？懂得让孩子换位思考，是一种让她们认识自身过激行为的良方。

2. 引导她们正视别人的优点，从别人身上学习长处。每个人身上都有自己的闪光点，家长要让自己的女儿学会欣赏别人的优点。当她的朋友们在展现自己的长处时，告诉她不要着急去想着和她们攀比，先静下心来好好地欣赏别人的优点。因为当你认同别人的时候，也会得到别人的尊重和认同。

3. 当家长发现孩子有夸大或者说谎行为的时候，先不要急着去批评她们，而是应该用一种合理的方式来让她们正视自己的错误。芳芳的妈妈发现芳芳在同学面前谎称自己在学二胡，妈妈问芳芳为什么要这样说，芳芳说因为她觉得会拉二胡是很酷的，所以她在同学面前撒谎，希望以此获得同学们的羡慕。对于芳芳这样的行为，妈妈并没有批评，而是告诉芳芳如果她真的想学二胡，妈妈会带她去参加二胡培训班，但是如果她明明不会拉二胡却骗朋友自己擅长这个，等到有一天朋友们希望她一展身手她却不会的时候，那会有多尴尬。芳芳想到这样的场景，羞愧极了，也明白了对于自己不擅长的东西说大话总有一天会吹破牛皮的。像芳芳妈妈这样的做法值得家长们学习，如果芳芳的妈妈在发现女儿说谎的时候，立刻责备她，那么就会造成适得其反的效果。

4. 引导女儿发现自己真正的兴趣所在。如果女儿今天想学这个，明天又想学那个，你不妨尝试着引导她去发现自己真正的兴趣是什么。这其中可能有一时头脑发热的盲目追求，但也许也有她真正喜欢的东西。家长不妨让孩子先试着去接触一些不同的东西，然后让她自己去判断其中哪些是她能够坚持做下去的。

妈妈一定要让女儿知道，爱表现，是一种青春的证明，但是，爱表现应当建立在尊重别人和正确审视自己能力的基础上，贬低别人并不能抬高自己，反而会让自己显得缺乏教养，让人觉得你是在妒忌。而正视自己的能力，是展现优势的基础。要得到别人的认同就一定要拥有被人认同的资本。

该拒绝时就拒绝

一位女孩在电子邮件中告诉我，她是一个害怕孤独的大一女生，喜欢结交朋友。大学的课余时间很充裕，她参加了各种社团活动，拥有很多朋友。起初这让她很兴奋，但渐渐发现自己很累，因为总有朋友请她帮忙或邀她出去玩，有时真想拒绝，可话到嘴边却常常变成"好"！

她很讨厌自己的懦弱，有时也尝试着拒绝朋友，可事后心情并不好受。就像上学期，一个朋友向她借书，她舍不得将最心爱的书借给别人，于是找了个理由回绝了。两天后，她在食堂碰见这个朋友，朋友却扭头假装没看见她，让她觉得很难过。

自那以后，她总是尽量满足朋友的要求，不敢说"不"，害怕她们离她而去。为了朋友，她浪费了太多时间和精力，觉得很累，却又害怕失去友谊。

青春期的女孩常常会遇到这样的困惑，她们会认为拒绝朋友的要求等同于友谊的破裂。她们不知道，如果不将拒绝看得这么严重，而将它当作生活的一门必修课，那么生活会轻松很多。

女孩们不妨找一个阳光明媚的下午，坐在碧草如茵的绿地上，呼吸着凉风中树叶的清香，当感到心旷神怡时，闭上眼睛，想象自己在一间密室里，墙上挂着3面镜子。

第1面镜子上写着：微笑。

深呼吸，对着镜子放松表情，开口练习"对不起，我……"的语调，传达出温和却坚定的态度。然后告诉自己用委婉的语气比较好，但言辞最好用坚决果断的暗示，避免用"我再考虑考虑"等模棱两可的回答，使对方误会。

第2面镜子上写着：忍耐。

没有人喜欢被他人拒绝，当对方因你的拒绝而表现出愤怒或威胁时，你不要立即反击，而是懂得站在对方的角度为她着想，忍耐一下。你必须明白，你拒绝的是对方这次的请求，而不是这个人本身，没必要逞一时之气而闹僵关系。

第3面镜子上写着：补救。

在拒绝他人之后，若能提出有效的建议或替代方案，对方就会觉得好受很多，也不至于太尴尬。但切忌过分抱歉连连，以免给对方留下虚伪的坏印象。

当你觉得累的时候，就停一停，和朋友大声地说"No"！真正的朋友并不会因此而远离你，而那些因为你的拒绝而无法体谅你的朋友，也许并不能称之为真正的朋友。

哭，不能解决问题

曾经遇到过很多部门经理，他们无奈地告诉我，女员工真是不好管理。原因是自己的女下属事情没做好，批评了几句，就开始哭。看着女孩哭得伤心，就不好再批评下去了，结果就是自己在百忙之中还要收拾残局。

哭，本来是排解情绪的管道之一，在压力过大的情况下，哭能让人情绪放松。可是如果遇到任何事，在事情没解决之前只会号啕大哭，这样根本就不能解决问题。

一旦哭成了习惯，遇到什么事情都只会哭。成绩没考好，父母责怪几句，大哭起来；工作没做完，上司责怪几句，也用哭来解决；和恋人吵架了，也大哭起来……哭根本不能解决问题，因为哭没有任何实质上的力量。在家人面前，哭能让神经放松，但面对上司、同事，哭则没有任何帮助，反而只会引起他人的鄙视。

最最可怕的是，遇到"性骚扰"事件时，也只会用哭来解决。

听过两件事：一个女孩被男老师单独叫去，被老师在动作和语言上戏弄，女孩明知受辱却不敢有任何反抗，回家后父母看她神色不对，在一再追问下，女孩才委屈地大哭起来，说出了一切。另一个女孩上学挤公交车时，遇到露阴癖，女孩吓呆了，不知所措，下车后，才越想越委屈，号啕大哭……

类似的故事不胜枚举，很多女孩在经历这些事件的时候都是惊惶失措，然后才伤心委屈地大哭。

现代社会，每个人的压力都很大，遇到问题，只会哭的人并不会赢得更多的同情，反而会引起他人的不满。因此，妈妈应该多培养女儿坚强的性格，强烈的责任心。遇到事情会冷静机智地处理，而不是只会哭。

当然，女儿受家庭影响很大，如果妈妈本身比较强悍，女儿作风也会比较强悍，反之，如果妈妈本身性格懦弱，女儿性格懦弱的居多。如果妈妈本身性格比较懦弱，就应该多让女儿读书看报，从别人的经验中学到处理问题的方法，知道遇到问题应该怎样解决。尤其是那些性骚扰的事情，什么样的情况会带来危险，什么迹象需要提防，多知道一些就能多一些预防的常识，防患于未然绝对胜过事后哭诉。

当然，培养随机应变的能力并不是指敏感到遇到任何事都把对方往最坏的地方想，不是所有的人都有一副坏心肠。拒人于千里之外也会对工作和情感带来阻碍。懂得恰到好处地解决问题才是最重要的。

偏执不等于执着

有一个高三的女生，高考之后并没有考上自己理想的专业，于是在成绩可以上其他一本院校的基础上，选择了复读。谁知道第二年，她的成绩依旧没有达到理想的标准，于是她依旧选择复读。到了第三年，明明很努力复习的她，连二本的分数线都没有达到，于是她开始迷茫起来，提出这样的一个疑问："人家都说执着的人可以取得成功，为什么我却一再失败呢？"

传统观念告诉我们，执着的人能获得成功。

而许多母亲对于女儿的教育模式，也是如此倡导。家长们总是喜欢对女儿说：坚持，坚持，再坚持！成功就在不远处等待着你。而社会舆论也是如此，谈论起人的性情习惯的时候，"执着"这个词语出现的频率总是很高，新闻媒体喜欢用"长年执着于某某事业"作为大标题，这在无形中就使得中学生执拗地认为，坚持总能获得成功。

然而，坚持的极端，就是偏执。有时候执着和偏执只有一步之遥，你认为你执着于某件事，其实很有可能在不知不觉中，就走上了偏执的道路。就像这个女孩，当第一年她可以进一本院校的时候，她却放弃了。其实她完全可以选择先读大学，然后再转专业或者读研究生，完全没有必要在一棵树上吊死。

从心理学的角度看，偏执的人很难以客观的态度去看待问题，更不能用理性的态度去解决遇到的新问题。让我们来看看升学考试的案例：近年来，考不上大学而在家自学或进辅导班的人数在增长，其中连续几年应考失败的人也不少。从整体观察，他们的智商绝对不低，也有学习的兴趣，他们多次投考失败的原因，大多是由于过于执着于自己的读书方法和知识领域。

心理学家A. S. 路金斯曾做过一项有趣的实验：他让数名试验者来到教室，分别连续做十几道数学测验题。测验设计为前五道题用同样方法可以解答，从第六道题起要改变思考方式才可解答，其目的是想试图通过被试者从第几道题解题方式的改变，来评判一个人思考能力的弹性。结果证明，问题性质改变时能立即察觉的试验者极少。

虽然说失败是成功之母，但是我们的孩子们一定要明白，连续的失败并不一定意味着就一定能获得成功，所谓的失败导致成功，指的是从失败中找寻根源，从失败中获得教训，才有可能找到成功的钥匙。而现实生活中，一次失败往往导致另一次失败，这是因为有的人遇到失败，产生偏执的情绪，看不到问题的本质。这种人表面上通常很坚强，面对危机或陷入逆境不畏缩，但事实上却恰恰相反，这类人往往内心都比较脆弱。这种人执着于某种情感，把一些不正确的意念植于脑海，无法轻易摆脱，结果通常是屡战屡败。

妈妈要把女儿培养成一个有毅力的人，但绝不是一个偏执的人。有毅力的人懂得坚持做一个有价值的人，而偏执的人却常常执着于一种错误的观念而无法自拔。如果失败了，妈妈要指导孩子从失败中吸取教训，而不是因为失败而"走火入魔"，走向另一次失败。

生活常识篇

※

从内心到外在，
懂生活的女孩更有魅力

有人说，生活就像过山车，充满了一波又一波的惊险和起伏。你永远不知道在下一个转弯处会面对怎么样的转折。也许有惊喜，也许有风浪，也许很顺利，也许不总是一帆风顺。

成长期的女孩，内心是敏感丰富的，她们对未来充满了幻想，渴望完美的人生，渴望精彩的生活，当她们发现原来现实和梦想并不一致，当她们发现她们的生活里有着这样或者那样的不顺畅的时候，她们很容易就会产生挫败的心理。

一次失败的考试、一次朋友间的吵架、别人一句无心的批评……也许一点小事就会让女孩走进失落的怪圈，使得她无法及时地调整自我，从而在青春的心灵上留下挥之不去的阴影。

作为妈妈来说，如何引导女儿走过青春期的难关，让她们坦然地接受生活中的种种挫折，并且攻克它们，是至关紧要的。

坦然面对生死

每年，无论中学大学，都能听到这样那样的自杀例子。而近期的一项调查数据也是让人痛心不已，上海各大学每年有几十例跳楼自杀的案例。

生，还是死，这个由莎士比亚借哈姆雷特的口所问出的问题，也许对于青春期的孩子来说，实在是太沉重了，可是这却是一个无法回避的问题。

"生死教育"应当成为青春期教育的重点。有很多青春期的女孩子并不懂得生命的真正含义，她们常常动不动就拿"死"为要挟挂在口上，当父母无法满足她们的要求的时候，她们会叫嚷着"真讨厌，当心我死给你看"，或者"再烦我，我就死给你们看"……她们根本无法理解死亡的真正含义，当真正面对死亡的那一刻，比如亲人的离世、偶像的自杀，她们无法用正确的态度来接受这一切，从而会出现极端的举动。

中国人一向是比较含蓄的，未知生，焉知死，这是中国人对待死亡的态度。进入青春期的女孩会因为长大而产生失望，甚至会出现轻生念头，再加上中国的学生学习压力比较大，缺乏倾诉的途径，她们不知道该怎样解决心理困扰。

从一个母亲的角度来说，应当在适当的时候，对女儿进行生命意义的教育，让女儿认识到生命的价值，同时也教会她用正确的方式来看待死亡。

1. 要让女儿懂得生命的价值，就必须让她了解生命的意义，而要了解生命意义的第一步，就是让她懂得如何去热爱生活。在这里我们不妨看看一个美国妈妈的育儿经验，看看她是怎样让女儿懂得生命的价值，成为一个优秀的女孩的。

（1）当她跌了一跤的时候，让她自己爬起来，让她觉得一个人成长的道路是曲折的，绝不会一帆风顺。

（2）让她看自己国家的国旗时，注目两分钟。

（3）带她去动物园，主要是为了获得知识。

（4）带她到公园、森林去，让她喜欢绿色，让她热爱生命。

（5）让她懂得，认真对待生活中的每一个细节、每一件小事、每一个朋友是很有意义的事。

（6）使她成为一个热情、具有积极向上精神的人。

（7）即使你的经济状况很好，也要鼓励孩子用自己的双手去劳动挣钱，让孩子自己支付部分学习费用，或支付保险费用。

（8）鼓励孩子在进了大学以后，在放假期间勤工俭学，做一些力所能及的事。

（9）教育她尊敬他人。

（10）让她学习音乐，多听贝多芬、肖邦、莫扎特等人的作品。

（11）鼓励孩子上台演说、演唱、跳舞、朗诵。

只有让女儿学会热爱生活，懂得生活的价值，她才能真正理解"生"这个字的含义，才不会动不动就说"死"，才不至于产生扭曲的人生观、生死观。

2. 坦诚地告诉女儿"死"的含义，让她懂得以正确的态度来面对死亡。

在现实生活中，"死"是每一个人都无法逃避的问题。家里老人患了严重的疾病，我会第一时间告诉女儿，我还会把医生的诊断和意见告诉女儿。我注意到孩子像我们一样，更珍惜和老人在一起的时间。孩子常常会接触到一些关于死亡的事件，比如家里养的小狗突然死亡了，小区里有人去世了，家里长辈过世了，喜欢的明星离世了等等，这些其实都是妈妈对女儿进行心理教育的最佳时机。以最坦诚的方式告诉她，死——是自然界中普遍存在的，是每个人都无法避免的，是对生的致礼，是人生道路的完结。千万不要对女儿说一些很虚幻或者不切实际的概念，如果妈妈说"死，就是去别的地方了"或者"死，就是睡着了"，那么也许能够安慰女儿一时，但是从长远来说，必将在她们的心中造成更大的扭曲，使得她们更加无法承受"生离死别"的痛苦。人总有去世的那一天，就因为生死无法逆转，所以一定要珍惜生命，珍惜活着的每一天。

当你被孤独感包围

✳

> 　　我朋友在她女儿初二的时候告诉我，她觉得女儿变得孤僻起来，说得最多的话就是"没意思""真没劲"。她邀请女儿一起逛街，女儿拒绝说"不想去，没劲透了"，表姐找她去唱歌，女儿说："唱歌有什么意思？"就连她最好的同学打电话过来也是爱理不理的。妈妈问她原因，女儿直接甩门把妈妈关在门外，女儿在家几乎不说话，妈妈觉得很苦恼。

　　事实上，这样的情况并不单单只发生在这个女儿身上，大多数青春期的孩子都会存在这个问题。

　　到了青春期，孩子内心的"秘密空间"增加了，她们其实强烈地渴望能够与其他人交流，然而却信不过身边的人，于是在这种矛盾的心理斗争中，孩子们会产生一种与世隔绝的孤独感。同时，由于青春期的孩子认为自己应该是个大人了，应当进入心理的断奶期，所以在行动上，总是努力想要做出大人的样子来，想让自己一夜之间成熟起来。在这样的心理暗示下，她们觉得父母和老师的教诲不再管用，不再像往常一样打动人，反而认为父母和老师说得很啰唆；而自己的好朋友，却还是浑浑噩噩的，并不能真正和自己打开心扉交流……其实她们有一肚子的话想要倾诉，但是却无人可说。长时间如此，一种孤独和疏离感就油然而生。

正如德国心理学家斯普兰格说的那样："没有谁比少年从他们孤独小房里更加用憧憬的目光眺望窗外世界了，没有谁比少年在深沉的寂寞中更加渴望接触和理解外部世界了。"这种孤独感正是女孩自我意识发展的一种表现，随着年龄的增长、社会经验的丰富和自我探索的深入，女孩会逐渐获得一种熟悉自己、对自己有信心的感觉。这时就既能够独立思考，也会乐于与人交流了。对妈妈来说，其实对于女儿的这种情绪并不用太手足无措，妈妈要知道，每一个进入青春期的女孩都会经历成长的"断奶期"。要让女儿走出这种"孤独和抑郁"的情绪，其实需要做的很简单，就是沟通和交流。

沟通和交流，主要可以通过下列方式来实现。

1. 帮助女儿进行心理暗示

青春期的女孩最适合用心理暗示法来治疗心理问题。因为女孩天生敏感好奇，想象力丰富，有能力接受多元价值观念，要改变她们的固有观念和想法，并不像改变成年人那么难。用心理暗示法可以很好地帮助女孩克服学习障碍、自卑等问题。比如妈妈可以在一个阳光明媚的周末下午带女儿去公园散步，坐在草地上，看着蓝天白云，听着优美的音乐。与此同时，让她想象一些美好的事情，想象一些想去实现却还未实现的梦想，想着人生的美好，在这个过程中，女儿的身心就能得到某种程度的放松，同时能够远离孤独的情绪。

2. 与女儿一起分解孤独

每天，妈妈都可以花一点时间与女儿交流。不妨选择在晚饭后一起出去散步，利用这个时间，引导女儿把生活中的压力与孤独罗列出来，一、二、三、四……一旦说出来以后，帮助女儿来一一分析，让女儿明白，这些感觉并不可怕，只要肯说出来，就能一一攻克。

3. 给女儿一个在哭时可以依靠的肩膀

很多妈妈都会告诉自己的女儿，要坚强勇敢，不能做一个爱哭的女孩。其实适当的哭泣也是一种发泄。作为一个母亲，应当在女儿想哭的时候，毫无保留地提供自己的肩膀给她，告诉她"想哭就哭"。现代医学研究也表明，哭能缓解压力与孤独。心理学家曾给一些成年人测验血压，然后按正常血压和高血压编成两组，分别询问他们是否哭泣过，结果87%血压正常的人都说他们偶尔有过哭泣，而那些高血压患者却大多数说从不哭泣。让孩子把情绪发泄出来，可以有效地赶走忧伤和抑郁。

4. 和女儿一起读书

在书的世界畅游，一切忧愁、孤独与悲伤就会被遗忘，烟消云散。读书可以使女孩子拥有良好的气质，在潜移默化中逐渐变得心胸开阔，气量豁达，不惧压力与孤独。与女儿一起读书，也应当是妈妈的一门必修课。

5. 与女儿一起观赏鱼类

心理学研究表明，当人处于精神紧张的状态时，观赏金鱼或热带鱼在鱼缸中姿势优雅地翩翩起舞会让人的压力得到释放，所以不妨考虑在家中养一些热带鱼，让女儿在疲劳的时候得以欣赏，心中的压力与孤独感也会随之减轻。

其实，与青春期的女孩沟通并没有想象中的这般困难，关键在于母亲要有一颗持之以恒的心，在摸索中寻找一种最佳的与女儿沟通的形式。要记住，只有真正走进女儿的内心，才能驱赶她们心中的雾气，让她们的世界充满阳光。

远离抑郁症

一直以来，人们都错误地认为抑郁症就是思想问题，不会对人的身体健康产生什么影响。但是，从医学角度讲，抑郁症如果长期得不到治疗，会导致精神上的残疾，对人的生活质量和社会功能产生很大的影响，严重的甚至会产生自杀倾向。

生活节奏的加快，学习工作压力的增大，日趋激烈的竞争使越来越多的人遭受到抑郁症的折磨。抑郁症被称为"世界上第一号心理杀手"。

容易患抑郁症的人，往往是对自己要求比较苛刻的人。她们追求完美，做事认真，不允许自己出一点点差错。

而得了抑郁症的病人，一般往往不敢告诉他人，迈不出接受治疗的第一步。在他们的世界中，没有阳光，没有快乐，只有无尽的痛苦。他们会认为，自己的这种痛苦是永久存在的，是没法解决的，没人能帮他。他会渐渐觉得只有结束自己的生命才是唯一解除痛苦的方法，并且他会逐渐对此深信不疑，最终走向自杀。对于中学生而言，导致他们产生抑郁的原因是，学习和高考的压力无法排除，自己对自己的要求太过严格，担心父母对自己失望，担心自己没有将来等。

要帮助孩子走出抑郁的世界，首先要让他们了解到：得了抑郁症并不意味着自己是一个失败者。经过治疗，有很多人恢复了健康，并且获得了成功。

其次，要鼓励他们迈出接受治疗的第一步。抑郁症的治疗主要是减轻和消除症状，治疗后的最终目标是帮助病人恢复正常的社交能力。另一个比较重要的工作，就是要防止抑郁症的再次复发。抑郁症主要是靠药物治疗，同时心理治疗也很重要。

患有抑郁症的孩子最需要的，还是家人的理解和温暖的关怀。

最后，妈妈不妨把美国学者托尔列出的14条有助于孩子摆脱抑郁症状的规则告诉孩子。

1. 必须遵守生活秩序，与人约会要准时到达，饮食休闲要按部就班；从稳定规律的生活中寻找乐趣。

2. 留意自己的外观，身体要保持清洁卫生，不得身穿邋遢的衣服，房间院落也要随时打扫干净。

3. 即使在抑郁状态下，也决不放弃自己的学习和工作。

4. 不得强压怒气，对人对事要宽宏大度。

5. 主动吸收新知识，依照"活到老学到老"的格言，尽可能去接受新的知识。

6. 建立挑战意识，学会主动解决矛盾，并相信自己能够成功。

7. 即使是小事，也要采取合乎情理的行动。即使你心情烦闷，仍要特别注意自己的言行，让自己合乎生活情理。

8. 对待他人的态度要因人而异。得了抑郁症的人，对外界每个人的反应态度几乎相同。这是不对的，如果你也有这种倾向，应尽快纠正。

9. 拓宽自己的兴趣范围。

10. 不要将自己的生活与他人的生活进行比较。如果你时常把自己的生活与他人做比较，表示你已经有了潜在的抑郁，应尽快克服。

11. 最好将日常生活中美好的事记录下来。

12. 不要掩饰自己的失败。

13. 必须尝试以前没有做过的事，要积极地开辟新的生活园地，使生活更充实。

14. 与精力旺盛又充满希望的人交往。

文身，一点都不酷

　　一个女孩告诉我，她想当空姐，但在第一轮体检时就被拒绝了，原因就在于她身上有一个小小的文身。这让她遗憾不已。这个小文身，只是她青春期的时候因为好奇而尝试的，没想到会带来这样的遗憾。

年轻人总是热爱新鲜有趣的事物，而文身在她们眼中正好与潮流相对应。

作为母亲，与其一味地反对女儿文身，却又无法给出一个充分的反对理由，倒不如站在史学的角度，来和她谈谈文身的历史，让她了解到文身的发展渊源和其中的文化背景，了解到文身并不是一种潮流，而是不同民族、不同种族之间不同文化的象征。这样的解释也许能让她们接受，能让她们知道盲目地跟随潮流只会让自己显得肤浅。

最早的文身出现于1991年在意大利和奥地利交界处发现的冰人干尸上，根据碳检测显示这具干尸大约有5200年的历史。随着地区隔绝的打破和文化交融，文身也成为人类文化交流的一部分，含义也更加丰富。公元前332年，马其顿王国亚历山大大帝征服埃及，在此建立了托勒密王朝，希腊文明被带到了埃及。在希腊，文身通常表明"从属关系"。

不同的文化孕育出千姿百态、形态功能各异的文身。希腊历史学家希罗多德曾在其著述中描写了塞西亚人的生活方式，对于他们来说，文身是尊贵的标志，身上没有文身，便意味着出身低贱。而在古希腊和中国古代时，刺有文身又常常是罪犯的标记。

在另一些文化里，文脸似乎很流行。比如美洲印第安人常在脸上文图案。尤其是脸颊和嘴唇部位，据称这是防止皮肤衰老并且可以使青春常驻的秘方。

根据这些历史，我们不难看出，文身并不是酷或者潮流的象征，而是有其必然的历史和文化因素。不同的民族，有不同的文化背景，如果一味地因为追求另类而去文身，搞不好还会闹出笑话。

想想看如果你在身上文了一个自以为很酷的图案，其实它却是古代罪犯的标记；又或者你一时冲动去文了偶像的名字或者和偶像一样的标记，过了一段时间你却不喜欢那个偶像了，这是一件多么讽刺的事啊。

干干净净的完整的身体，是上天赐予我们的最好的礼物，又何必要去给它加上烙印呢？

抽烟不是酷的符号

有一段时间，女儿对会抽烟的女人特别着迷，觉得抽烟的女人很有魅力，如果还配上一副嘶哑的烟熏嗓，那简直酷毙了。

对于她的这种想法我并不觉得惊讶。但是，对于女儿来说，还是有必要让她适当地了解吸烟的危害，尤其不能让她把吸烟与酷画等号。

成年人有自控力与自我辨识能力，可以对自己的行为负责。可是对于未成年人而言，就未必知道吸烟的害处，所以有必要告诉她们吸烟的危害。

青少年正处在发育时期，生理系统、器官都不成熟，对外界环境的有害因素的抵抗力也比较弱，易于吸收毒物，损害身体的正常生长。根据美国科学家的研究，从青春期开始长期吸烟的人，在之后的任何年龄段的死亡率都比不吸烟的人高约3倍。

还有一份医学报告表明，吸烟易使青少年感染致病细菌，吸烟者感染脑膜炎、毒血症、肺炎和耳病的概率比不吸烟者高4倍多。当然，这些只是医学数据。吸烟对孩子最大的危害就是容易上瘾，这样不仅对身体不利，也会影响她的生活、学习。

因此，母亲应当在日常生活中时刻注意自己女儿是否有吸烟的倾向，如果有，应当及时制止，并告诉她吸烟可能带来的危害。但更加重要的是，作为一名合格的母亲，即便是自己有吸烟的嗜好，也千万不可在女儿面前展现。要知道母亲的一举一动，在潜移默化中都影响着女儿，成为女儿模仿和参考的标准。

不要在酒精中迷失

※

一位妈妈曾经要求我告诉她女儿，不要在酒精中迷失自己。这位女儿已经读大学，酒量也不差，经常与哥们儿一起喝酒，有一次喝得烂醉如泥，导致酒精中毒，被同学送到医院。但出院后她没有丝毫的改变，还是经常去跟哥们儿一起喝酒。

喝酒喝成这样的女孩可能为数不多，但很多女孩因为受到电视、电影、动漫和杂志的影响，觉得喝酒是一种彰显自己个性的行为，从而在一次又一次的尝试后，陷入酒精的深渊，无法自拔，伤害了自己的健康。

女孩还处于长身体的阶段，饮酒对于她们而言，危险性很大。

在国外，青少年酗酒问题就更为严重了。根据美国公共卫生局医务长官的相关报告证明，约有20%的14岁美国青少年至少喝醉过一次。美国一家戒毒所发表的研究报告中表明，在6500名参与调查的青少年中，约有73%的少年表示学业压力导致他们酗酒和吸毒。

而在中国，中学生饮酒虽不至于是普遍的现象，但近年来也有呈上升的趋势。没有母亲不关心自己的女儿，但是很少有母亲能时刻保持警惕并不断与孩子针对复杂的问题进行沟通。如果母亲发现自己的女儿已经开始沉迷于酒精或者有沉迷的趋势，不妨尝试按以下5个步骤与她沟通饮酒的危害。

1. 寻求适当的谈话机会

媒体、明星的一举一动都可能影响孩子的思维。如果你的女儿崇拜的名人公开承认自己酗酒，那么可以借机与她展开讨论。问问孩子是否知道同学中有饮酒的行为，而这种情况是否发生在聚会中或是学校里，耐心听她回答并经常与其进行类似的对话。

2. 寻找机会与她讨论

因为受到荷尔蒙的影响，中学生的脾气反复无常。她们常一会儿心平气和，一会儿却又怒气冲冲。母亲需要寻找一个安静的时刻，在合适的地点与孩子进行谈话。

3. 让你的孩子了解酒精的危害性

酒精可导致记忆缺失，影响运动能力，引发尴尬行为，并改变青少年的感知和看法，要让孩子了解这些事实。如果你的家中曾有酒精中毒的人员，可向孩子介绍遗传基因对其酒精敏感体质的影响。

4. 保持良好的警惕性

规定严格的宵禁时间，每时每刻都知悉子女所处的环境。即使周末不在家的时候，也要通过电话与她取得联系。对她的朋友及其朋友的父母也要有所了解。

远离毒品

✳

> 女儿曾经与我讨论过关于毒品的问题。她经常看到娱乐新闻里关于知名影星吸毒的新闻。她觉得奇怪，明明毒品有害，大家都知道，但为什么却无法拒绝呢？她很想知道毒品到底是什么东西。

我告诉她，毒品，永远是威胁人类身心健康最大的敌人。不仅危害青少年，大人一旦上瘾，也无法拒绝。一旦吸毒，终身戒毒。

对于青春期的少女来说，如果因为一时的好奇而尝试毒品，那么必将会在她们的一生中留下不可磨灭的痛苦回忆。我曾经接触过一个吸毒的女孩，最初她以为毒品离自己很遥远，自己一辈子都不会有机会接触这些玩意。有一天，她跟一帮朋友去酒吧玩，一个朋友给了她一根烟，告诉她吸一口，能让她忘记所有的烦恼而飘飘欲仙，在好奇心的驱使下，她尝试了，从此而一发不可收拾。

诚然，在当今中国，青少年吸毒已成为一个日益突出的社会问题。有些家长认为，中国的青少年离毒品很远，作为妈妈更是忽略了对女儿在这方面的教育以及知识普及。然而面对现实，这样的数据却让人心寒，原来中国已不再是一片净土，中国的青少年也正处于毒品的危害之中。

毒品在吞噬着我们整个社会，毒品在毁掉我们的青年和未来。具体说来，青少年吸毒的危害性主要表现在以下几个方面。

1. 影响青少年身心的健康发展

鸦片、吗啡、海洛因原本是用于麻醉、镇静、止痛的医疗药品，如果青少年吸食成瘾，在带来短暂快感的同时，将会对人体造成更大的心理和生理伤害。在生理上，这些毒品会使人的机体发生适应性改变，建立起新的药物作用下的平衡，从而对其产生强烈的依赖性，即所谓的毒瘾。一旦停止用药，生理功能就会发生紊乱，并伴有不安、焦虑、忽冷忽热、流泪、出汗、恶心、呕吐、腹痛、腹泻等不适感。时间长了，会导致记忆力衰退、营养严重不足，抵抗力下降，多种疾病发生的后果。

更可怕的是心理上的伤害，毒品会摧毁吸毒者的精神和意志，使其堕落、道德沦丧，出现人格解体、心理变态。尤其是对于正处于发育期的青少年，这种危害就更加严重，轻者自残，重者自杀。放眼看去，全国范围内，青少年吸毒导致自残或者自杀的例子也不是个例。

2. 吸毒容易引发刑事犯罪

据调查，每个成瘾的吸毒者一天需花费100至1000元不等的毒资。对于青少年来说，如此高的代价显然是他们所无法承受的。有不少青春期的少女，为了筹得吸毒的资金，不惜走上了卖身的道路，使得自己的花季成为一场永远看不到尽头的阴暗赌局。

3. 吸毒容易传染多种疾病

吸毒者常常采用静脉注射、肌肉或皮下注射的方式吸毒。在采取这种方式吸毒的过程中，常常因多人共用未经消毒的注射器和针头而传播各种皮肤病、性病甚至艾滋病等多种疾病。广西卫生部门对150名吸毒青少年调查后的数据显示：45%的青少年以上患有肝炎，25%的青少年患有性病，吸毒超过一年的，体重普遍下降10公斤。再来看看云南一些毒品重灾区的调查：因静脉注射海洛因而造成的艾滋病感染率高达68%，可见，吸毒可以导致多种传染病已成为不可辩驳的事实。

除此之外，吸毒还会导致青少年家破人亡。

很多年轻的女孩，因为一时贪玩，去酒吧放纵，吸下了人生的第一口毒，从此以后就走上了万劫不复的道路。对于妈妈来说，一定要对女儿做好防毒的教育工作，可以选择和她一起看一些关于禁毒题材的电影，带她们去参观一些与此有关的展览，当然也可以给她普及鸦片战争虎门销烟的知识。让她知道，这些不健康的东西是怎样残害了一个民族的精神。让她知道，好奇的代价有多严重。

离家出走不可取

　　一个好朋友跟我哭诉，女儿离家出走了。原因是，妈妈希望女儿第二天早上起来的时候，能把自己的被子叠好；然而女儿却说，每天睡觉的时间都不够，哪有时间叠被子啊。然后妈妈责怪女儿每次吃完东西，都把垃圾随手放在桌子上，即使垃圾桶在身边也懒得丢一下，妈妈说她的生活习惯太差了。女儿生气了，说妈妈不理解她读书的压力。妈妈说压力再大，也不能给自己找借口。于是，一些在学校中的委屈，以及对妈妈的抱怨，让女儿的心中充满了不满，所以就离家出走了。虽然没几个小时就回家了，但依然让妈妈伤心。

　　现在有不少中学生，喜欢动不动就"离家出走"。中学生为什么喜欢离家出走？主要有以下几个方面的原因。

　　1. 紧张的人际关系。研究表明，离家出走的中学生，有很多都是在家与父母关系紧张，在学校同老师和同学关系紧张。由于与众人关系相处得不融洽，因而导致弃学离家出走。

　　2. 人格异常与逆反心理。人格异常的学生会对周围的人抱有敌意和戒备心理，与学校或家庭成员闹矛盾而突然出走。

3. 学习压力过大，导致厌学，希望能通过离家出走的方式来寻求解脱。

4. 角色观念变异与拜金心理。媒体资讯发达，学生通过各种信息渠道接受了大量信息后，导致他们当中的一部分人对读书不感兴趣，而热衷于读书以外的东西。此外，拜金倾向严重的学生，在学习中经常表现出漫不经心的状态，想离家出走去挣钱。

5. 盲从心理。她们听到媒体披露因片面追求升学率造成一些学生压力太大而离家出走的消息后，于是就加以模仿，自以为这是解脱的好方法。

对于妈妈来说，要充分理解女儿的这种心理，不能一碰到这样的情况，就手足无措。与其在女儿离家出走后毫无头绪地寻找，不如在事发之前就加以预防，平时多和女儿沟通。当看不惯女儿的行为时，应选择一种比较委婉的方式告诉女儿，这样比较不容易引起她们的逆反心理。最重要的是让她们了解，离家出走解决不了任何问题，一来孩子的生活自理能力不够，在外容易受到挫折；二来家长会因此担心，对两方都没有好处。最好的方法不是逃避，而是面对。

失眠，焦虑怎么办

　　随着学习压力越来越大，女儿有时候晚上会失眠。每当做完作业感到很疲劳的时候，想好好地睡一觉，可是谁知，这个时候，她却怎么也睡不着了。她开始想一些白天所没有时间考虑的问题：自己究竟能考上什么大学？数学成绩会不会有点起色呢？自己什么时候能考一次全班第一呢？要是高考失败了，应该怎么办呢？一连串的问题，让她越想越清醒，完全睡不着。折腾了半天，到早上才渐渐入睡，可还没睡到一个小时，就得起床上学去了。在学校里，由于晚上没有睡好，白天上课就处于昏昏沉沉的状态，以至于错失了好多课堂笔记。

　　很多学生因为用脑过度而导致睡眠质量欠佳，且这样的情况日趋增多。主要表现为入睡困难，易惊醒，醒来后感到不解乏甚至难受等。有的学生上床后，想心事，以至于辗转反侧。其实所有的这一切都是人为地对睡眠进行的干扰，从而破坏正常的睡眠习惯。这种失眠主要是心理原因引起的。对于学生而言，心理上的焦虑、压力过大是造成失眠的直接原因。

　　要排除失眠的干扰，妈妈不妨帮助女儿试试以下几点。

1. 告诉孩子，睡前不胡思乱想

学生有学生的烦恼，特别是进入青春期的女生，更容易胡思乱想。告诉孩子，要尽量做到睡觉前不要多想，不要自寻烦恼。要记住烦恼是影响睡眠的大敌，越心事重重，就越容易失眠。为了能够保持身心的健康，一定要有豁达大度的人生态度。正确对待学习上的压力、生活中的烦恼等问题，让自己的心灵进入休息状态。正如我国宋代名人蔡季通在他的《睡诀》中说："先睡心、后睡眼。"入睡前若能心灵放松，精神放松，情绪安宁，自然就能睡着。

2. 教导孩子，养成良好的生活和作息习惯

学生的功课多、压力大，尤其是进入高中后，锻炼身体放松身心的机会也渐渐地少了。很多学生晚上熬夜做功课，长此以往，生活作息规律被打乱了，进入一种恶性循环。

妈妈应当让女儿明白合理饮食的重要性，早餐、午餐要吃好吃饱；晚餐要清淡，不宜过饱，晚上不要喝茶或咖啡。睡前最好用温水洗脚，如果有条件的话，最好在睡前用温水沐浴一次，这样能促进躯体周围血管扩张，有利于睡眠。

3. 最好不要让女儿使用药物

如果女儿长期失眠，妈妈可以在医生的指导下，给女儿服用适量镇静催眠药。中医药中也有很多可以改善睡眠的方剂，如酸枣仁汤等，若使用得法，都可消除失眠的困扰。

但是，对于青春期的女孩来说，应当尽可能地少服用药物，毕竟，用药物治疗失眠并不是上策，药物的作用只是一时的，一旦药物停用或减少，失眠的状况依旧存在。且服用药物久了，容易养成依赖药物睡眠的习惯。况且，服用药物大多会产生副作用，靠服药睡眠的学生在第二天常常有头晕、乏力、气短等不适症状。因此，服用药物只能在迫不得已的情况下进行，是一种权宜之计，对失眠者来说，最好的方式还是心理放松。

总之，青春期的女孩要自信，学会科学用脑，合理调适学习生活。不妨晚饭后散步30分钟，平时有时间的话也适度地参加些文娱活动，制定合理的生活作息表，最重要的是保证每天充足的8小时睡眠时间。

乐观面对挫折

两个同龄孩子的家长平时交谈的时候，一般会将两个孩子拿出来比较一番。诸如这样的对话经常可以听见："你们家敏敏这次考试考得怎么样啊？""哟！那么厉害啊！我们家的孩子可不行。"可能是因为中国的家长总是比较内敛谦虚，所以在面对别人的赞美的时候，总是先以"不，不，不，哪有？她没那么好啦！"来否定，而这些话，听在孩子耳朵里，却不是那么回事了，她总觉得妈妈认为自己做得还不够好，于是她的好胜心驱使她无论是在学习还是在其他的项目中，都要表现得比他人优秀。

现在的一些中学生，争强好胜、个性十足，却又经不起任何挫折和失败，他们的内心其实很脆弱，就像一只鸡蛋壳，一敲就碎。当他们遇到挫折，或者受到批评的时候，往往无法调整自己的心理，于是部分青少年会采取过激的行为。他们中的有些人选择攻击他人，有些人选择闭门自责，有些人选择执拗，甚至有些人选择轻生。因此，如何正确对待好胜心，如何合理地引导好胜心，不让它成为青少年成长道路上的绊脚石，是至关紧要的。

1. 正确看待自己，正确认识好胜心。中学生应意识到好胜心是客观存在的，人生中充满了这样或者那样的挑战，好胜心并非全然是一件坏事，它也可能激励我们成长，关键是看你怎么去认识它。如果你把它当作成长的动力而合理加以引导，那么它会成为你成功的垫脚石。如果你选择用一种执拗的方式来对待它，那么它就是你成功路上的绊脚石。

2. 年轻的女孩子必须知道，好胜心未必能带来胜利，在成长的道路上，挫折和失败也是无处不在的。如果因为一时的挫折，而使得好胜心扭曲，走上一条错误的道路，那么最后所产生的恶果，也许会让自己后悔终生。必须要记住，挫折一方面可能使人产生心理的痛苦，行为失措；另一方面它又可给人以教益与磨炼。年轻的女孩应该看到挫折的两重性，不应只见其消极面，而应以乐观的态度对待生活中的挫折。

3. 给自己定一个合理的目标，切忌好高骛远。中学生精力充沛，她们对生活充满了希望和幻想，对学习和生活难免抱有较高期望和较高要求，但由于眼高手低，从而给自己定下了根本无法实现的目标。一旦她们遭遇挫折，就会产生一种挫败感。因此，对于年轻的女孩来说，在学习中、生活中，应当根据自己的实际情况确定具体可行的目标，对自己进行客观的评价，不可轻易否定自己。

4. 培养积极乐观的人生态度。好胜心可以使人进步，好胜心也能击垮一个人，而面对这一切，最重要的是培养一种乐观积极的人生态度。妈妈要帮助女儿认识到，树立坚定的目标，培养乐观精神，能够有助于女儿将好胜心转化为正面的力量，帮助她们进步、成长。

5. 利用好胜心创设条件，改变环境。好胜心是在一定的社会情景中产生的，因此不妨合理地利用自己的好胜心，改变周围对于自己不利的环境，使得这种正面的力量伴随自己去奋斗。

6. 要善于正确认识前进的目标，并在前进中及时调整自己的目标。要注意发挥自己的优势，并确立适合于自己的奋斗目标，全身心投入到学习之中。如果在实施过程中，发现目标不切实际，前进受阻，则须及时调整目标，以便继续前进。

7. 学会化压力为动力。其实，因好胜心而引起的适当的刺激和压力能够有效地调动机体的积极性，一些人最出色的工作是在挫折逆境中做出的。

8. 懂得合理的宣泄。人们在遭受挫折时产生的紧张情绪，必须经过某种形式得到发泄，否则积累过多，容易导致精神失常。倾诉、运动、大喊大哭、做自己非常喜欢的事情等都是宣泄的好途径。

好胜心并不是不好，一个没有好胜心、没有上进心的女孩，注定不会取得成功。然而妈妈还是要告诉她，不要让好胜心成为她成长道路上的绊脚石，要学会经常保持自信和乐观的态度。同时要做好准备，并不是每一场"战斗"都会以胜利告终，失败和挫折在所难免。要学会容忍挫折，学会自我宽慰，满怀信心地去争取成功。

周围的人与我格格不入怎么办

一位女孩告诉我，最近她很难过，因为她从某普通中学初中毕业，考入一所知名度颇高的市重点高中。开学不久，她就发现自己处在了一个比较尴尬的位置：普通初中毕业的她，像是来到了一个陌生的世界，这里弥漫的是她不熟悉的空气，同学们也并不是特别热情，她本能地想抗拒，又不由自主地想融入其中，但怎么做都是徒劳。渐渐地，女孩觉得她几乎是隔离于周围环境之外，苦恼的她不禁自问：究竟是我有问题还是其他同学有问题？

其实这个女孩之所以会这样，主要是因为她自卑。从普通中学进入重点中学的孩子，本能地就会认为自己的能力比不上来自重点中学的同学，于是首先便在自己的心灵上设置了一道屏障。

或许这样的问题，在青春期女孩的身上并不是个例。女孩子的心思敏感而细腻，一点点小事，就会觉得自己与周围的同学格格不入。当她们与周围大多数人都格格不入时，家长要教育她们，让她们想一想：是不是自己先选择不接纳别人？如果女儿对于这种情况很苦恼，急于改变却又苦无良方，这便预示着她的人际沟通系统产生了障碍，而产生障碍的原因就个人来说不外两点：自卑与自恋。

自卑是一种预期性恐惧心理，其浅层感受是觉得别人看不起自己，深层感受则是自己看不起自己，缺乏自信。自卑的女孩往往不能客观地认识自己，因而对别人产生了一种防范心理，继而出现回避退缩的行为。

还有些女孩往往会走向另一个极端——自恋。自恋也是一种心理障碍，其人格的突出表现是以自我为中心，拒绝、排斥周围的人或事，以至于出现离群索居的倾向。

无论是自卑还是自恋，其结果都是把自己封闭在自我的小圈子里，或自怨自艾或自我陶醉，关闭起同别人沟通交流的大门，同时也迷失了自己。究其原因，自卑与自恋都与过大的心理压力有关，这压力来源于追求完美、渴望成熟。正如稚嫩的枝条结不出沉甸甸的果实，含苞的花蕾无法散发出蜜的芬芳，人生的每个阶段都有其独有的特点，不该逾越就不要逾越。如果让虚假的成熟或对幼稚的掩饰遮盖了青春的本色，那不是人生的幸事。

心理学家告诉我们，人际交往有三个要素：自己的情感需求、他人的情感需求和社会的行为准则。当这三方面能够和谐地统一在一起时，人际沟通障碍便会消失。在此妈妈不妨给女儿提出四点建议。

1. 客观地认识评价自我。建立积极的自我概念，学会公开直接地表达自己的感情。

2. 学会欣赏和赞扬周围的人。努力倾听和了解周围人的思想和感受，积极沟通情感。

3. 尊重他人。认真听完别人的讲话，不要轻易打断别人的讲话，别人的个性、特长、信仰、习惯、爱好等均要尊重。

4. 遵守集体的规范。如遵守校纪、校规、游戏规则等。积极促进和维护集体凝聚力的形成，学习与他人合作。

我想用著名心理学家詹姆士的名言作为总结——人们可以通过改变自己的内心世界来改变外部世界。如果女孩子能够尝试着以开放的心态去对待生活，调整自我价值认知系统，客观理智地评价自己，积极地投入所处的环境，相信生活是一面"你对她笑，她也就对你笑"的镜子，那么她们终将会走出孤独的影子。

金钱不是万能的

我曾经与女儿讨论过长大后想从事什么职业的问题，女儿告诉我："做什么都无所谓，只要能赚钱就可以了！"当时我听了一愣，本以为女儿会像小时候那样回答说做医生或者科学家的，却没有想到丹丹的理想是赚钱。我问她："为什么只要能赚钱就可以了？"女儿说："妈妈，你傻不傻呀，你看现在这个社会，不管做什么都要金钱。钱啊不是万能的，没有钱却是万万不能的哟！"

我告诉女儿："我们生存在这个世界上，做很多事都需要金钱，但是我们必须让自己牢牢记住的是：金钱只是工具，而非目的。我们要成为能够控制金钱的主人，而非被金钱奴役。当妈妈问你你的理想是什么的时候，你回答说只要多赚钱就可以，这让妈妈不得不开始反省是不是妈妈平时对你的教育方式错了。所谓的理想，是指一种可以为之终生去奋斗的事，钱赚得再多，如果无法体现你的人生价值，这就不是一种正确的理想！"

在目前的社会上存在两种极端的论调：一种金钱至上论，一种是金钱无用论。

毫无疑问，这两种观点都是不正确的。金钱的价值并不仅仅在于它本身的面值或是它能办到的事情，更在于附着在它里面的其他价值。而这些价值就是生活的价值、社会的价值、个人能力的体现以及成功的价值。

因此，教育女孩树立一种正确的金钱观，对于孩子对金钱的认识、对社会的适应能力的培养乃至世界观的形成，都是十分重要的。

首先，必须让她明白，金钱仅仅是一种工具。让她们了解从物物交换到货币形成的全过程，一定数量的金钱代表着一定数量的劳动，从而避免表面的假象，这有助于她们了解劳动的价值。

其次，要让她们知道父母的金钱来源于上班，也就是劳动，爱父母同时也就应该珍惜父母的劳动，养成不乱花钱、勤俭节约的好习惯。

再次，要让她们明白，现实社会中，适量的金钱是生存所必需的，是父母和孩子温饱的保证，是孩子上学读书的保证。当然，同时要说明这些适量的金钱目前由父母负责提供，不需要孩子操心。

当然，最重要的一点，是要让她们知道，一个人或者一个家庭，只要有适量的金钱，就可以有选择地做自己想做的事，而不必再去贪婪地积聚金钱。一个人的价值和成功，可以通过很多途径去实现。包括：成为一名科学家、工程师、教师或者军官；成为国家或政府的领导者、管理者；拥有自己的公司，成为企业家、老板……学会以自己的劳动获得适量金钱，合理地支配它们，然后，根据自己的爱好和志向，去实现自己的人生理想和价值才应该是她们的理想。

作为母亲，在教育女儿的过程中，可以让她们学会自己支配少量的金钱，引导她们有目的地、有计划地存钱和花钱。母亲可以从小处着手，比如为购买一套名著书籍而存钱，让她们在这个过程中不仅学会支配金钱，利用金钱有意识地完成某件事情，逐步培养独立生活的能力，以利于今后更好地适应社会，而且还让她们从中体会到超越和征服金钱的感觉。这样，她们就懂得真正把金钱看作是一种实现目标的工具，而非自己人生的终极目的。

|爱情篇|

✳

青春期的女孩
该如何看待爱情

恋爱，是人一生中最难掌握的课题。

青春时期的爱情，既甜蜜，又痛苦；既新鲜，又青涩。爱情对于他们是遥不可及的东西，却又似乎唾手可得。

青春期孩子，是最向往爱情的那个群体，电视剧的影响，周围朋友的影响，也许都会让她们产生想谈一场恋爱的心理。而她们心中喜欢的对象，也许是同班的同学，也许是学校的老师，也许是电视里的明星，也有可能是网络那头看不到的陌生人。

"恋"和"爱"的过程，是青春期孩子自我觉醒、自我认知、自我肯定、强化自尊自信的过程。对于家长来说，无法避免对孩子进行这方面的教育，如果强迫她们不要接触爱情，只会让她们产生反抗的心理，在这条道路上越走越远。

更何况，她们的人生道路很长，即使不是这一时片刻的事情，在将来总是要面对。如果没有一个正确积极且乐观的爱情观，如果她们没有爱的能力，不懂得爱的艺术，她们必将受到爱情的伤。妈妈请做好心理准备，女儿已经长大。

和异性要保持一定的距离

一个朋友的女儿从小和两个表弟一起长大，三个孩子年纪相当，感情相当好。由于从小和男孩子一起打打闹闹的，女孩的性格中总不免有点假小子的成分。进入高中以后，在与同班男生相处的过程中，她有时候会勾肩搭背，做出"哥俩好"的姿态。其实女孩完全是心无杂念的，纯粹是把男生们当作"好兄弟"来看，但她这样的举动让老师看在眼中，就不是那么一回事了。开家长会的时候，老师特地把朋友留了下来，和她谈关于"异性同学相处"的问题。老师告诉朋友，她的女儿似乎不懂得与异性保持距离，与男同学走得太近，容易惹人非议。

回到家中，朋友和女儿说起老师的忠告，女儿听后，觉得特别委屈："妈妈，我问心无愧啊，我和他们真的只是同学好友的关系，我和他们一起讨论的都是篮球足球的话题，我没把他们当作异性看待，他们对我也绝对没有非分之想。"

确实，无论男女同学之间的友情有多么好，随着年纪的增长，到了青春期的男生女生，就不能再像儿童时代那样，无拘无束地"勾肩搭背"了。因为在现代社会的公共礼仪中，有一个关于异性接触的"距离问题"，这个"距离问题"是一种人际交往的技巧，是青春期的女孩所必须掌握的。多一分则显得生疏客套，少一分则显得过分亲昵不得体。

而所谓的距离技巧，说的就是人与人之间的空间问题。自20世纪50年代以来，心理学家霍尔和索玛通过观察和实验发现，人都具有一个把自己圈住的心理上的空间，它就像一个无形的气泡一样为自己割据了一定的领土。一旦这个气泡被人触犯，就会感到不舒服或不安全。根据研究表明，这并非表示拒绝与他人交往，而只是想在个体空间不受侵占的情况下自然地交往。无论对于男生还是女生，这种心理都是一样的。

尤其是在与异性交往中，这种空间距离的把握就显得尤为重要。在人际交往中，个体空间需要多大呢？或者说，人们之间应保持多少距离呢？除了要考虑交往对象、内容、场合、心境等因素外，在一般情况下，交往双方的亲密度影响最大。

心理学家弗里德曼认为，"人们越亲密、越友好，他们就站得越近：朋友比陌生人站得近。想成为朋友的人站得也很近，彼此相互吸引的异性站得也要近一些。虽然大多数人很少考虑到个人空间问题，但我们知道站得近通常是友好或有兴趣的标志。"霍尔则详细划分了四种交往距离。

1. 亲密距离。这是人际交往中的最小间隔，即俗语所说的"亲密无间"。其近端在6英寸（约15厘米）之内，彼此可能肌肤相触、耳鬓厮磨，以至相互能感受到对方的体温、气味和气息；其远端是6~18英寸（15~44厘米）之间，身体上的接触可能表现为挽臂执手，或促膝谈心，体现出亲密友好的人际关系。亲密距离最具排他性。在同性之间，往往限于贴心朋友，即彼此十分熟识且随和，可以不拘小节，无话不谈；在异性之间，一般只限于夫妻之间，不是这种感情关系外的第三者插足这个空间，就会引起当事人十分敏感的反应和冲突。正因为这样，在人际交往中，一个不属于自己亲密距离圈子内的人，不能随意让他闯入。

2. 个人距离。这是一个稍有分寸感且较少直接身体接触的交往距离。其近端在1.5~2.5英尺（46~76厘米）之间，正好能相互亲切握手，友好交谈；远端在2.5~4.0英尺（76~122厘米）之间，已有一臂之隔，恰在身体接触之外。一般的个人交往都在这个空间之内，它有较大的开放性，任何朋友和熟人都可以自由地进入这个空间。但陌生人要慎重。比如当一个人在独自思考或做什么事时，一个陌生人冒失闯入这一空间，会引起这个人焦虑不安。

3. 社交距离。这一距离已超出了亲密或熟悉的人际关系，而是体现出一种社交性或礼节性的正式关系。其近端在4~7英尺（1.2~2.1米）之间，远端在7~12英尺（2.1~3.7米）之间。一般出现在工作环境和社交聚会上。社交距离中彼此说话响亮而自然，因而交谈的内容也较为正式和公开。当然，一些本来只宜在私下交谈的话题就不宜在社交距离中谈论。

4. 公众距离。在这个空间中，人际间直接交往大大减少。其近端在12~25英尺（3.7~7.6米），远端则在25英尺（7.6米）之外。这是一个几乎能容纳一切人的空间，人们彼此间可以视而不见，不予交往。

女儿有了心仪的对象

※

女儿初中阶段放暑假时告诉了我一个小秘密，她们班上转来了一位男同学，这位男生个子高高的，长得很帅，篮球也打得很好，班上很多女孩子都喜欢他。女儿也一样，很喜欢这个男生，她会注意这个男生的一举一动，她想要把这种好感告诉这个男孩子，但又害怕被拒绝，因此她很苦恼。

女儿愿意告诉我她的心声，作为妈妈，我自然很开心。可是也不免担忧，女儿才读初中，恋爱可能会影响学业，而且担忧女儿在情感上受到伤害，毕竟女孩子在情感上比较敏感。可是，如果直接告诉女儿我的意见，一定会引起女儿的逆反心理。

于是，我和女儿探讨了她喜欢他的原因，委婉告诉女儿什么样的男孩值得喜欢。同时探讨了如果表白可能出现的种种情况，让女儿在心理上做好承受相应结果的准备。我也把自己的担忧告诉了她，让她明白妈妈的心情，让女儿自己去判断要不要跟对方表白。

谁知道开学过了没几天，女儿告诉我，她不仅不再喜欢那个男孩子，反而很讨厌那个男孩子，原因就是那个男孩太花心，会对好几个女孩子甜言蜜语。

对于一个家长来说，女孩子进入青春期，可能面对的最让家长头大的问题之一，就是"早恋"了。实际上，所谓"早"是指年龄早，而不是这样的恋爱不应当。早恋是青春期孩子的一种情感体验，是一种渴望接近异性的反应，是一种非理性恋爱。这种朦胧的好感和成人的准备承担责任和义务的恋爱有着本质的区别。俗话说"哪个少女不怀春"，除了孩子生理上的原因，现在的电视、网络、小说也让孩子产生好奇心，想要模仿。如果说生理、心理的发育是早恋产生的内因，那么网络、影视、书刊则无疑起了推波助澜的作用。成人化的情感戏、生活戏，在中学生看来充满了新鲜感和神秘感，那些不食人间烟火罗曼蒂克式的才子佳人、英雄美女的故事，会导致一些对未来充满了幻想的中学生心驰神往。一旦她们有了心仪的对象，自然想要跟对方发展一段浪漫的爱情。

在家教宽松的家庭，女儿或许会愿意跟妈妈分享自己的情感历程，家教严格的家庭，女儿有了心仪的对象甚至恋爱了，也不会告诉妈妈，只会偷偷摸摸地品尝"爱情的甜蜜"。不论哪种情况，妈妈发现女儿恋爱了，首先都不要大惊小怪，要做出一副淡然处之的样子。妈妈表现得越平淡，事情反而越容易解决。反之，如果妈妈反应过于激烈，把女儿大骂一顿，跟她说一大通恋爱会影响学习等大道理只会引起女儿的反感，其结果是处于叛逆期的女儿更快地投入恋爱中。青春期的孩子有一种逆反心理，暴政式的干涉非但不能让她们屈服，反而会引起她们的反抗。青春期的女孩本身变化就大，今天可能很喜欢一个男孩子，明天就可能讨厌对方到极点。而父母的阻止反而会让她们坚持到底，即使开始讨厌这个男孩，但因为逆反心理作祟，也会不顾一切。另外，父母的反对会让女儿整天陷入对爱情的想象中，如果把这种想象带入课堂，结果也只能引起学习成绩的下滑。

当然，妈妈知道女儿有喜欢的对象时，虽然表面上要平淡，但也应该告诉女儿，有喜欢的对象很正常，但现在摆在眼前最关键的却是学习。不能因为有了心仪的对象就抛弃一切，不顾一切，那只是电影中会上演的。对于青春期的孩子而言，未来的路还很长，初恋是人生中很美好的一段，学习好知识才是一辈子的财富。

妈妈还可以过来人的身份让女儿理解爱情，让她知道影视剧中罗曼蒂克的爱情往往是夸大的，在现实中并不可行。处于青春期的女孩，世界观、价值观、幸福观和人生观都不成熟，今天喜欢这个男生，明天就可能会喜欢另外一个，而这种情感只是好奇，并非真正的爱情。爱情必须建立在生理、情感、气质和性格四大基础上，至少在多数方面要有共同点，而且性格要互补，必须符合一定的价值观念和伦理观念，才会避免失败的结局。

妈妈的淡然处理会帮女儿更好地认识爱情的问题，也能帮女儿更快地走出单相思的困境。

不要过早恋爱

※

地铁里，公交车上，经常可以看到一些穿着校服的学生亲密地搂在一起，半点不在乎他人的眼光。一次，我和女儿都看到了这样一幕，我问女儿怎么看，谁知道女儿却很向往地告诉我，中学时，能谈一次恋爱也挺好的。

拥有女儿这种心态的孩子不是个例，很多时候，青少年会早恋，是由于随波逐流引起的，她们看到周围的朋友有人在恋爱，表现出很甜蜜的样子，于是自己也想尝试一下。就像著名诗人歌德曾说的那样——哪个少男不善钟情，哪个少女不善怀春。豆蔻年华的少女们已开始在心中萌发出不可名状的欲望，一种神秘而又圣洁的纯情在她们心中悄然滋生。尤其是看到周围的朋友们都如沐春风的时候，这种渴望也就显得更加强烈了。

然而这种不理智的随波逐流，使得她们失去正常的判断能力。十几岁的女孩在感情上处于不成熟期，她们往往分不清性吸引、好感、友谊与真正爱情的差别，脑子里有太多的关于异性和爱情的浪漫幻想，这些幻想大多来自影视媒介或对成人世界的观察。她们往往把对异性的初步好感、爱慕、感激、同情、赞许、崇拜等统统当作爱情。同时，她们还有一种从众心理或竞争行为，有些女孩看见自己的好朋友交上了异性朋友，要是自己不找一个男朋友，就感觉自己落后于别人了，觉得自己缺乏魅力了。强烈的竞争心理和自我表现欲望使她们不甘落后。她们还易受大众媒介的刺激和影响，由于青春期思想不够成熟，情绪不够稳定，而影视画面中男欢女爱的场面、床上镜头的刺激、浪漫的爱情故事向她们不断传递着爱的诱惑，使她们易于仿效，力图扮演媒介中观察到的某一角色，从而开始了对爱情的探索。

但是，处于青春期的女孩，正处于长身体、长知识的时期，不要过早恋爱。

总而言之，妈妈们要帮助女儿摆脱这种从众的恋爱心理，以免她们青春的道路上有荆棘。

一见钟情该怎样处理

※

"我对他一见钟情，不由自主地陷进去，无法自拔。"网络上，图书中，经常能看到很多一见钟情的美丽爱情故事。它们对年轻孩子的影响当然是巨大的，很多女孩子往往会陷入对一见钟情爱情故事的想象中。

一见钟情，这种存在于电影和小说中的情感方式，在现实生活中也是真实存在的。男孩们和女孩们会各自把所梦想的对象特征储存于大脑之中，就好像把数据存在电脑中那样，科学家称之为"爱之图"。科学家说："这张爱之图最早由父母勾画，并不断受到外界因素的修正与补充。年龄越大，图像越具体。由于某种契机而第一次目光相触时，眼睛就捕捉到对方身高、体形、眼神、发色、发型、风度以及服饰等信息，以每小时400多千米的速度，通过视神经传给大脑。对方特征与所储存的图像越是相吻合，大脑产生的信息就越强烈，体内的'化学工厂'便开足马力产生大量兴奋物质，在脑中形成一种幸福激素，引起诸如心跳加快、手心出汗、颜面发红等变化，心中激情涌荡，即一见钟情。"

　　然而，一见钟情固然存在，但毕竟这种电光火石间产生的感情，其基础并不牢靠。一见钟情，大多是属于激情的燃烧，而恋爱中，想要长时间地维护一段感情，需要的还是彼此间的相互理解和磨合。妈妈要告诉女儿，妈妈希望她能够在开始一段感情前，先对对方多一些了解。当然，这种了解并不是指对方家里有多少房子，开什么车子，身家有多少，而是说先看清除了一时的激情之外，彼此的性格是否真的合拍，因为恋爱是一件谨慎的事，如果因为一时激情而开始一段感情，后来才发现彼此并不合适而不得不分手，那受伤的只会是自己！

追星，这不是爱

✳

有一段时间，电视里的选秀节目办得如火如荼。节目中产生的新派青春偶像成为青年人狂热追逐的对象。女儿也不能免俗，她喜欢上了一个"好男儿"，不但天天用手机为他投票，还嚷嚷着要去看他的彩排，更是凌晨4点就起床，打扮好出门，排4个小时的队，只为了买到一本偶像的签名书。

像女儿一样，青春期的女孩总是容易陷入对偶像的迷恋中，因为在偶像身上有一种光环效应。在她们眼里，明星是快乐的使者，是美的化身，是最有成就的典范。这个阶段的孩子性的发育正走向成熟，但性意识仍是朦朦胧胧，她们会不由自主地对异性产生好感，心中或多或少都有异性的影子。而现实世界过重的学习负担，升学的压力，课后家长安排的各种辅导等，压得很多学生喘不过气来。当明星以光彩夺目的形象展现于大众，进入她们生活后，她们就会情不自禁地去崇拜，与明星一起疯狂，一起宣泄，以满足心理的需求。

在一定程度上，有偶像，有奋斗目标固然是好的。把明星当成自己的目标固然能促使人进步，但如果因为追星而导致狂热的个人崇拜及个人的自我迷失，那就是一件很可怕的事情了。最极端的例子就是前几年闹得沸沸扬扬的杨丽娟的例子了。

28岁的甘肃兰州女子杨丽娟自16岁开始迷恋刘德华后，停止学习和工作。其双亲为达成女儿心愿，不惜倾家荡产卖屋卖地及借贷，甚至还想到卖肾。68岁的父亲杨勤冀在陪女儿杨丽娟到香港参加刘德华歌迷会活动后，跳海自杀。这件事不得不引起我们警惕，合理的追星是可以的，但是将对偶像的喜欢误以为是爱情的话，就容易导致走火入魔。

当然像她这样陷入疯狂追星中的人毕竟是少数，但很多女孩子很容易为了偶像不顾一切，不怕自己受伤，只为了博得明星的一个握手或一个拥抱。而一旦得到偶像的签名或青睐，女孩子就会飘飘然不顾一切，茶不思饭不想，甚至觉得为了偶像付出一切都无所谓。如果追星追到这种狂热的地步，那只会对自己造成伤害。

因此，妈妈需要引导女儿，让她明白有偶像固然是好事，可是对偶像的崇拜并不是爱情，我们见到的明星往往只是他们最光辉的一面，他们背后的辛酸平常人是看不到的。要把对偶像的狂热追求变成一种内在的激励，去积极辨别偶像身上那些利于个人成长的特征，从而把偶像所代表的精神内化为自我成长的动力，化为学习的动力，去欣赏他，喜欢他，就能够和偶像一起成长。

网恋，网恋

※

春节，朋友带读小学三年级的女儿来家里玩，小女生很自豪地告诉了我们她的期末考试成绩，最让她兴奋的还是因为成绩出色，她爸爸要帮她开通QQ黄钻，可以随意变装。QQ这种聊天工具已经普及到小学三年级的学生也拥有，她们有自己的QQ号，她们当中有些孩子对各种功能的熟悉程度甚至超过了很多一天泡12个小时在网络上的人。

如果只是把QQ、微信等当成一种通信工具，这无所谓，可是如果把网络聊天当成一种交友工具，那就很可怕了。年轻的女孩总有一种猎奇心态，总是喜欢"越轨"以给生活增加乐趣，网络就像一层厚厚的面纱，隔开了两个人，也遮住了两个人的真实面目。对于还没有形成完整世界观的青春期女孩子来说，网上交友甚至网恋很可能会让自己陷入一种不利的境地。

把感情注入网络里，听起来好像不可思议，但正是因为网络产生了距离美，而距离又产生朦胧美，朦胧为想象提供了足够的空间，一来二去，依赖虚拟的网络，感情便产生。

网上交流时，不存在面对面交谈时可能会产生的尴尬，让很多年轻人觉得精神交流的深度往往超过了面谈方式。因为网络的方便性，它可以使从未谋面的陌生人很快就成为知交。这样，即使在日常生活中显得非常木讷的人，在网上也可能是"性格外向"，高谈阔论。

除此之外，网络还可以让人带上不同的面具。在网上，你想成为一个什么样的人，你就能成为什么样的人。调查表明，人们在网上表现出的性格往往与现实生活中的真实性格相去甚远，网上的男人大多是潇洒、幽默、博学、体贴的理想型男子汉，女孩也都温柔、善良、可爱，这些正是大家在现实生活中所追求的。

网络的这些魅力，更容易让正处于青春期，缺少判断力的女孩陷入网恋。不可否认，有些人是真心实意的与对方恋爱，但也有人网恋的目的只是想摆脱现实，他们在网上可以跟对方谈得热火朝天，实际生活中却是有家庭有恋人的，他们从不把网恋带入自己的实际生活中。这类人最多过过嘴瘾，并不会造成真正的伤害。还有一类人以在网络上勾引异性为快感，当他们成功地勾引到一个异性，使对方爱上自己时，就提出见面等要求，把女孩引诱上床。一旦遇上这样的网络骗子，就会对自己身体心灵造成莫大的伤害。

在网络世界中，很难分辨对方说的话到底有几句真几句假。而很多女生一旦陷入爱情中，就无法自拔，如果爱上对方却又被欺骗，悲剧就会上演。

毕竟网络只是个虚拟世界，在网络上相恋的情侣，只需要字符、语言和想象就够了，这就好像是一个"梦"，而不是真正的爱情，更有可能只是一种孕育着危险的游戏，很难具有真正的生命力。因为真正的爱情不仅仅是精神上的交流，更多地还要承担精神与物质的责任及义务，而在网络上显然还无法做到这一点。

因此，妈妈要让女儿在享受网络带来的便捷的同时，也明白网络的危害，不要过分沉迷，更不要轻易相信对方的话。但是，妈妈也要注意自己的交流方式，千万不要让女儿产生"你不让我做我偏做""我还年轻，没有什么不可以"的逆反心理。

爱上男老师怎么办

米

> 很多女孩子都曾告诉我，她爱上了自己的男老师，一上男老师的课就脸红心跳，老师每次看她，她都会特别激动，脑海里不时会浮现跟老师手牵手恋爱的甜蜜镜头，就算知道老师已经有了家庭，还是相信自己会是老师更好的选择……

很多女孩在年轻时都曾"爱"上过自己的某一位男老师，她们会期待这门课的到来，会为他的一个眼神脸红心跳，并为他辗转反侧食不甘味。

每每听到女孩讲述爱上老师的痛苦时，我都会告诉她们这种感觉大多数青春期的女孩子都有过，是一个很正常的过程。青春期的少女渴望美好的爱情，渴望成熟，她们很容易就被男老师身上那种同龄男生所没有的成熟魅力所吸引，男老师几乎是智慧的象征。妈妈们如果回首一下自己的学生时代，就会发现爱上自己的老师是件很普通很正常而且很普遍的事情。几乎每个女生在学生时代都会或多或少地喜欢上某位老师。这是这个年龄段非常正常的心理现象。

然而，这并不是爱。当我们成年之后，再回首看这样的感情，就会发现，当时所以为的爱，只是一种青春期的迷恋。充其量最多只能算是喜欢而已。喜欢和爱还是有很大的区别的。

现在社会的开放让很多女孩会不顾一切，把"爱"挑明，其后果无外乎两种：第一，老师严词拒绝；第二，当老师的家里家外感情双兼顾，把你当成自己的情人。这世上把女学生当成"感情零食"的男老师并非没有，他们的博学和风度往往是俘获女孩儿爱情和身体的伪装。无论哪一种结果，受伤的都是女孩本身。

要让女孩明白对男老师的"爱情"的真谛是什么，帮助她正视自己的这种心理，让她们学会用理智去控制感情的迷茫。虽说学生对老师的这份感情是发自内心深处的，是善良美好的，但这绝对不是成熟的爱情，它只是少女迸发出的一种单向相思的感情火花，是种纯洁的理想，而不是真正的爱情。

这种火花是微小的，经不住风吹雨打，难以持久。妈妈可以帮女儿将这种感情转化成为一种很单纯的忘年交，以此来激励女儿在学习上取得成功，而不是深陷其中不能自拔，更不是不顾一切地把"爱"挑明。把爱挑明，成全了自己的感觉，却毁掉了别人的家庭和前程。做个敢爱的女孩，不如做个懂爱的女孩。

真爱也会伤人

※

作为妈妈，对女儿最大的担心就是怕她被人骗。诚然，假情确实很伤人，但真爱也一样会伤人。我认识好几个女孩都因为真爱而痛不欲生。

　　故事一：一个女孩喜欢上了一个男孩，她把自己的感情告诉了父母，父母出乎意料地支持她，让她"执着"地追求爱情。于是女孩大胆地向男孩表白了，但男孩并不喜欢她，女孩决定要坚持到底，即使男孩有了女朋友，她也不介意，依然找各种机会让男孩知道自己的爱情。男孩非常痛苦，女孩也很痛苦……

　　故事二：女孩相信"爱他就要支持他"，他说"两个人要保持一点距离爱情才会长久"，于是女孩小心翼翼地跟他保持距离，不敢打电话给他，不敢去找他……直到有一天，女孩才发现原来自己并非他的唯一。她很痛苦，很伤心，但是又舍不得离开他，因为她是那么那么爱他……

她们都是因为真爱而痛苦，难道爱专门折磨有真情的人吗？确实，真爱也会伤人。而且这种伤害比其他的伤害更严重，因为这是心灵的伤害。

因此，一味付出并不一定能得到收获，与其让自己痛苦，还不如开开心心地过好每一天。妈妈要教育女儿懂得恋爱是享受恋爱的乐趣，而不是品尝爱情的苦果。如果爱情带给自己的是无尽的痛苦，那就不要委屈自己，学着放下，把这份感情深深地埋藏起来，或许短时间会痛苦，会伤心，可是过去了就好了。如果一直不舍得放下，那只会带给自己无尽的痛苦。毕竟，真爱也是会伤人的。

怎样对孩子进行性教育

有一个美国电影引起了不少人的关注，它的名字叫《朱诺》，故事说的是少女朱诺意外怀孕后又不忍心打掉孩子，便决定为孩子找对好领养者。当风波结束，朱诺不再像以前那样什么都无所谓，她懂得了爱，懂得了父母永远是她身边最强而有力的支持者。无独有偶，日本也有一部连续剧，名叫《14岁的妈妈》，大致情节也是如此。美国ABC电视台的《美国青少年的秘密生活》一剧也涉及少女早孕问题。可见，青春期的性问题是全世界所有父母和子女都在共同面对的问题。

作为一个母亲，毫无疑问，不能和女儿避开这个话题。事实证明，对孩子的性教育应该越早越好。根据研究表明，在欧洲，英国人由于以保守自居，长辈不好意思对儿女进行性教育，所以每年都有近10万名少女未婚先孕；而在荷兰，孩子从6岁就开始接受这方面的教育，他们甚至会在餐桌上和父母谈论这个话题，所以荷兰少女未婚先孕的比例是欧洲最低的。

在中国，青少年的性教育还略显落后，中学的生理健康课也只是一语带过，这样非但不能解答孩子的疑惑，反而会让他们对这个未知的神秘领域更加好奇，甚至采取亚当夏娃偷尝禁果的方式来满足好奇的心理，造成无法挽回的悲剧结果。

女儿也曾困惑地问过我，如果自己喜欢的男生提出性要求怎么办。我告诉她，性绝对不是衡量保守与否的标准，也不是象征潮流与否的标志，想要进入这一领域，除了拥有深厚的爱情之外，还必须有充分的准备才行。没有充分的准备的性，就好比是一匹脱缰的野马，后果不堪设想。在所有的准备工作中，最重要的是你是否具备了承担责任的能力。只有具备了承担责任的能力，才能进入这个领域。

我告诉女儿，性行为可能会带来身体的快感，但是如果不懂得保护自己，最大的后果就是怀孕，到时候，因为年纪还小，不可能把孩子生下来，只能去堕胎，而堕胎对自己会带来身心的伤害。这样的后果是她还不可能承担的。

女儿听了我的话，懂事地说："难怪大人反对，原来还有这些道理啊。"

当女儿因为性困惑而请教妈妈的时候，妈妈应该将重点放在性道德教育方面，告诉她应该学会以正确的方式和男生交往，要懂得自尊自爱。正确的异性交往方式有助于女孩的身心健康，男女授受不亲的观念也是陈腐的，如果一味将青少年男女隔开，使之无法正常交往，那么会导致青春期的孩子内心世界处于封闭状态。然而不可避免的是，进入青春期以后，孩子们在生理上已开始具备了成人的体态形貌和生殖能力，两性相吸是自然属性，男孩和女孩之间朦胧的喜欢也是很正常的心理吸引。如果家长对此以不正确的方式干涉，只会造成孩子的叛逆心理。但对于不懂两性关系的孩子来说，一个不小心，反而更容易逾越雷池。

守住你最后的底线

　　有女孩告诉我，自己很苦恼，班上很多女生都有了男朋友，并发生了关系，而自己因为没有男朋友，还是处女，就遭到班上同学的嘲笑。她很想随便找个人也激情一把。

　　有女孩告诉我，交了男朋友后，男朋友对自己提出性要求，自己并不想，却害怕男友不高兴，于是答应了对方的要求，可是事后又会觉得羞愧……

　　类似的例子不胜枚举，曾经有一项调查，中学生在15～19岁发生第一次性行为的比例高达54%。发生性行为的女孩的心理主要有以下几种。

1. 热恋心理

女孩和男孩由初恋进入热恋，两人的感情如胶似漆，有一日不见，如隔三秋的感觉。当恋爱达到白热化程度的时候，海誓山盟和性行为也随之而来。这类少女对于自己的性行为和流产，不但没有后悔，甚至还认为这是自己对男友的一种无私的奉献。

2. 迎合心理

有些少女因为对自己男友的爱而失去自我，认为男友的一切要求都要满足，当男友提出性要求时，她们就算害怕也不敢拒绝，因为她们害怕自己的拒绝会让男友离开他们，所以就默然应允，迎合对方。

3. 占有心理

有些女孩子认为自己的男朋友是万人迷，有很多其他的女孩也在喜欢着他，为了不使自己在竞争中失利，便发生性行为，造成既成事实，达到占有目的。

4. 侥幸心理

在首次发生性关系后，她们害怕会怀孕，但时间一长，发现没事，便产生了侥幸心理，多次尝试禁果。

5. 好奇心理

进入青春发育期的少女，随着体内性激素水平的增高，在身体发生一系列变化的同时，对性也产生了好奇心理。这些少女是抱着好奇的尝试心理而发生性行为的。

6. 逆反心理

这些女孩的婚姻常常因受到家庭、亲友、学校的阻挠，不准她与心上人交往，于是，产生逆反心理，发生性行为。

7. 被小说和电影影响的心理

银幕上情人的一个飞吻、画刊上一个多情的姿态、小说中一段入微的性描写、公园里的一个亲昵动作等带有性暗示的举动，会很自然地引起处于性朦胧期女孩的关注和思索，使她们产生结交异性的愿望并隐隐产生性冲动。

作为妈妈，一定要教导自己的女儿懂得坚守底线，要对女儿们进行适当的性教育。要让女儿知道，自己不想要、不喜欢的时候一定要坚决地说不，因为身体的每一部分都是美好的，绝对不能因为迎合对方而伤害自己。更重要的是，如果男孩是真的喜欢你，爱你，就一定不会做你不喜欢的事情。另外，妈妈要教会女儿正确的避孕方法，不要感到羞于启齿，防患于未然好过出了事再补救。

如果青春期的女孩一旦发生婚前性行为和未婚先孕，家长和学校必须要以正确的方式帮助她们，绝对不应歧视、讽刺、挖苦和责骂，否则会造成她们的精神创伤。学校和家长要尊重她们的人格，爱护、帮助她们，才能使青春期少女顺利地度过青春危险期，使她们的身心能健康地发育、成长。

拒绝做未成年妈妈

相信现在的妈妈对"九月堕胎潮"这个词一定不陌生，九月，往往是堕胎高峰期，因为漫长的暑假往往让人一时失去理智，尤其是偷尝禁果的青少年，很多人可能都是第一次就不小心怀孕了，一旦木已成舟的时候，多数的青少年只有瞒着父母偷偷拿掉小孩。

也有很多女孩子不懂得自己怀孕了，或者知道怀孕但不敢告诉父母，也不敢去堕胎，一直到小孩生出来……

在我接听心理求助热线的时间里，处理过不少这种问题，有的女孩流产不止一次，然而最最可悲的却是对避孕方式的不了解。很多女孩把事后避孕药直接当普通避孕药服用，结果没多久又怀孕了。

很多妈妈羞于与女儿谈避孕的问题，确实，要跟女儿谈这个需要一定的勇气，很可能，妈妈话刚说出口就被青春期女儿鄙视。但是，女儿了解越多才能更好地保护自己。

妈妈要让女儿知道常用的各种避孕方法。妈妈最好把各种避孕药的利与弊都详细地告诉女儿，让她们了解使用避孕套和避孕药是好的保护方法，但避孕药容易对身材产生副作用，避孕套才是最好的避孕方式，既保护自己，也保护对方。很多女孩很苦恼地告诉我，自己也知道避孕药对身体有副作用，懂得体外射精的危险性，知道最好是用避孕套，但男朋友不喜欢，所以经常为了讨男孩欢心，而做自己不情愿的事情。其实，男孩如果真的尊重女孩，会接受使用避孕套的，如果男孩因为种种理由要女生承担危险，只能说那样的男孩太自私了。

妈妈最重要的是让女儿知道任何避孕方式都不能够百分之百避孕，都有失败的可能，因此，最好等双方身心都成熟后再发生性行为，以免给自己造成遗憾。虽然现在人工流产很方便，可是，流产带来最大的恶果就是等你想要孩子的时候却无法怀孕了。有很多人婚后想要孩子的时候怎么样也无法怀孕，而其中70%的原因都是因为年轻的时候做过人工流产。

当然，面对这么沉重的话题，妈妈也可以轻松地告诉女儿，女人为什么会怀孕，受精卵是怎样形成的，等等，女儿了解得越多，就越能保护自己。

不要为爱情放弃自我

一位很好的朋友恋爱后，就很难约她一起出来。约她出来逛街，她会告诉我，她要在家陪男朋友。约她一起喝下午茶，她会因为男朋友没答应而放弃。好不容易出来了，她的服装、穿衣打扮全改变了，理由是这些是她男朋友喜欢的风格。

类似我朋友这样的女孩不少，很多女孩会因为男朋友不喜欢，而放弃自己原有的生活。男女相恋的时候，为了取悦对方而做出适当的牺牲是应该的，但这并不意味着过分的以取悦对方作为维护双方感情的唯一途径。改变应该是双方面的，男孩如果真心喜欢你，他就应该接受你的一切，尊重你的私人生活，而不是一味地让你做出牺牲。女孩如果因为喜欢男孩而放弃自己的朋友、生活，等哪一天感情出了问题，就什么都没有了。

就像我前面提到的那位朋友，因为每次约她不出来，渐渐地，所有的朋友都与她疏远了。直到有一天，她突然想起我们，开始跟我们联系。经过交谈才知道，原来她会想起我们只是因为老公与她离婚了。他们的离婚也很具有戏剧性。老公先告诉她，两个人在一起时间太久，已经没有新鲜感了，他看到书上说保持适度的距离可以维持爱情的新鲜。于是他提出跟她分开一段时间，大家不要住一起，也不要打电话，他住的地方、作息全部对她保密，她不能联系他，不能主动打他电话，更不能问他的住址、生活状况等。她毫不犹豫地答应了，并欣喜地等待二人重聚。重聚那天，老公却告诉她，分开一段时间，他有了新的爱人，对她已经没有任何感情了，要求离婚。她这才发现拥有爱情这段时间，失去的东西已经太多太多。

一味地牺牲并不能换来爱情的长久，反而让男人觉得厌烦，这就是现实。因此，女孩在爱情中不要盲目，不要认为把自己的一切都改变成男孩喜欢的样子爱情就能长久，这样的爱情不会长久。爱情中也需要自信，也需要双方努力改变，而不是女孩为了爱情抛弃一切。

对性骚扰说"不"

※

如何保护自己不受性骚扰，这是每个女孩都应该了解的话题。无论是幼童，或是青春期女孩，抑或已经上班的女孩，都可能遭受来自方方面面的性骚扰。

> 曾经有个女孩在上班的路上，被迎面骑自行车的男人袭胸，女孩不知所措，很长一段时间，天天晚上都会做噩梦。
>
> 还有一些女孩，每天要在上下班高峰期挤车，时常遭受"咸猪手"袭击，这让她痛苦不已。

与其在发生性骚扰的时候，才思考怎么去反抗，怎么去应付，不如先让自己懂得一些自我保护的办法。

面对性骚扰，女孩们首先需要学会的是自我保护。女孩们不知道的是，性骚扰的范围很广，除了动作上的骚扰之外，情节轻微的如对异性评头论足、使用带性色彩的不礼貌语言，情节较重的包括淫秽语言、挑逗动作、调戏行为等都可算作性骚扰。根据研究结果显示，性骚扰可能严重摧残受害者的身心健康，特别是对于青少年女性，因此有必要学会如何保护自己不受欺辱。

以下，是专家提出的20条防止性骚扰的办法，年轻的女孩们不妨根据其中提到的来进行自我保护。

1. 提高警觉性。既要防范作恶多端的坏人，也要警惕以"善良面目"出现的"好心人"。如果遇上了坏人，一定要冷静沉着，随机应变。如果受到坏人的胁迫，应机智地把罪犯引到人多的地方，等到适当的时机大声呼救使自己脱离险境。

2. 一个人或少数几个女同学不要到偏僻或没有人的地方去，也不要随意招手搭车，尤其是夜晚。

3. 不要去营业性歌舞厅、酒吧间，若不是随同家长，也不要去饭店、旅社。

4. 晚上不要单独出门，更不要去异性的单身宿舍，不要同不熟悉的异性在一起单独待得很久或很晚。

5. 与父母闹别扭时，切不可赌气离家出走。离家出走的少女十之八九会落入不良环境或坏人身边。

6. 不要穿过紧或过于裸露透明的衣服，以免引起异性的非分之想，或被坏人误以为你是"同类"而进行骚扰。

7. 不要贪图小便宜。既要警惕陌生人的花言巧语和小恩小惠，也要对熟人的过于殷勤和慷慨保持清醒。要懂得，可能欺辱你的人不仅仅是陌生人，也包括你并不完全了解的"熟人"，甚至长辈、亲友。

8. 在生疏的地方问路时，不要独自跟着愿意带路的人走。

9. 不要和已暴露出在性行为上不检点的异性交往，更不能和有过性犯罪的男女单独来往。

10. 在没有家属或女护士在场的情况下，女患者，尤其是少女，不应随便接受男医生触摸、检查阴部或医治阴部的疾病。

11. 尽量不要到男老师家去补习功课、学琴、学画等。要尊重老师，不应对老师有过分亲昵的举动和言谈，同时也要警惕老师中可能有个别品行不端的人。如发现老师有轻浮的言语、举止时，应立即找理由离开，并告诉家长。如骚扰者强行非礼，你应不受威逼利诱，大声喊叫，反抗挣扎，并设法逃跑。不论反抗是否成功，事后一定要立即告诉父母。胆小怕事和忍气吞声会使你再次遭受侮辱。

12. 如果家中长辈和其他异性亲属对你有不良企图，要勇敢地反抗挣脱，并告诉家里能保护你的人。如果家中缺少保护者，可到公安局去寻求庇护或到法院控告。

13. 在公共汽车上、电影院等场所，如受到坏人引诱威逼，让你跟他一个人或几个人走时，要奋力跑向人多的地方大声呼救。最好是跑向警察和军人，以寻求保护。

14. 要是你发现某个男性言语举止轻浮，或有不良企图，不要独自到只有他一个人的办公室或宿舍去，更不可接受他的礼物或吃他的食物、饮料。

15. 不要单独和男同学或男性邻居谈有关性的话题，开不雅的玩笑，更不能相互动手动脚，打打闹闹。

16. 不要在同学家过夜，哪怕是女同学家。不要一个人去没有女性家长的男同学家，也不能在没有女性的亲属家过夜。

17. 在路上遇到陌生的或面熟的男性提出和你交朋友的要求时，要立即拒绝。如果他还纠缠不休，要尽快告诉家长和老师。

18. 遇到自己认为英俊潇洒的男性时，不要轻易动感情，更不能主动搭讪，因为你并不清楚他的底细。

19. 不读黄色小说或淫秽色情的书刊、画报，不看黄色影片。

20. 不要长久单独地和年龄相仿的男性待在一起，更不要与校外男青年约会。

总之，要排除异性的骚扰，很重要的一点，是自己要自尊自重，让自己的行为正派而端正，面对异性的非分要求，要敢于说"不"。只有以严厉的态度制止和反抗性骚扰行为，才有可能避免事态的发展。

如果你被"特殊关照"

※

随着女儿一天天长大，在欣慰她越来越成熟的同时，也会有越来越多的担心，担心她被感情所伤，担心她因为感情问题而影响学习，也担心外在美成为一种负担，让她被人特别照顾。

　　一位朋友在读大学时，因为靓丽的外表，得到一位公共课老师的特别关注。老师除了上课给予她一定的关照之外，课余时间，也经常打电话关心她，嘘寒问暖，甚至邀请她一同吃饭。刚开始这位朋友对老师感激涕零，但后面才发现这位老师对自己的关心并非真正的关心爱护，而是另有目的。老师已经有妻子有孩子，但每一届只要教新的学生，他都会对其中的漂亮女生特别关注，曾经就有学姐因为不会处理这种关系而怀孕，身心受到伤害。当发现这位老师别有用心之后，朋友并没有惊慌失措，而是对这位老师一如既往地尊重，让他时时刻刻记得自己"老师"的身份。而老师再请她吃饭什么的，她总是找各种各样的理由推却，绝对不给对方任何可乘之机。

这个朋友的处理方式很是妥当，但生活中，懂得妥善处理的人却不多。我接触过很多类似的例子，大多数女孩沦为第三者都是从得到特别照顾开始的。最初，她们都觉得这是自己魅力的表现，于是没有引起警惕。最后发现，对方只不过是跟自己玩玩而已，由此，陷入无尽的痛苦之中。所以，妈妈要教育女儿懂得保护自己。

女孩子长大后，学习、工作中都会碰到这样那样会给予自己特殊照顾的男人，尤其那些外表漂亮的女孩身边会有很多男生围绕。有的男人或许出自真心，但也有很多居心叵测的人以为人师的身份做掩护，对年轻女孩进行特别照顾，如果不懂得自我保护，就可能坠入痛苦的深渊。

教育孩子懂得适当的自我保护要从青春期开始。要教育女儿拥有一颗平常心，告诉她外表不是最重要的，不要认为漂亮胜过一切，漂亮也可能会成为一种负担。因为漂亮而自负，不仅容易掉进男人的陷阱，也容易引起同性的嫉妒，给自己带来无法预料的后果。

如果因为出色的外表而被特别照顾，千万不要有"受照顾说明我有魅力"的心态，而是要平淡地处理这一切，因为社会上的成功女人，更多是依靠自己的能力获得成功，而不是被照顾成功。随着社会不断的发展，女性地位的不断提高，男女地位越来越平等，获得照顾的概率越来越低。况且，因为外表被特别照顾只是暂时的，学习、工作中，如果没有处理好与给予自己特别照顾者的关系，都会给自己带来无尽的烦恼。

很多女孩子受到特别照顾时不知所措，不会面对，原因无他，只因这种特别关照来自老师、上司。这也是给予"特别照顾"中最难对付的一种，因为老师、上司随时可能给你穿小鞋，如果断然拒绝，他就可能抓你的小辫子，故意整你。但如果欣然接受，也会引起同学、同事的"侧目"，让自己陷入百口莫辩的谣言之中。我想，妥善应对的方法莫过于以下两种。其一是装糊涂。对他的任何"弦外之音"都假装听不懂，对其特殊关照不要有任何反应，时时刻刻让对方记得自己的身份。其二就算很担心对方给自己穿小鞋，也不要表现出来，尤其不能让对方看透这一弱点。因为越担心越容易出问题，对方越容易抓住这个弱点进行要挟。

女孩子长大了，妈妈一定要教导女儿慎重处理任何牵扯到感情的问题，不要掉入外表引来的陷阱中。

公交车上遇色狼

✳

一次，一个女孩告诉我，她在公交车上被性骚扰了，当时她很痛苦，却不知所措，吓得待在那里，然后只能眼睁睁地看着坏蛋得意地下车，扬长而去。现在，她每次想到那双邪恶的眼睛，都会不寒而栗。

当女儿遇到这样的情况，一定要勇于反抗，因为越是不敢，对方就越是得寸进尺。

之所以这些人会在公交车上实施性骚扰，一来是因为公交车通常比较拥挤，这给他们下手提供了环境的便利；二来因为周围人数众多，大多数女孩在此情况下不敢反抗，怕没有了面子，所以这又给坏人提供了"人和"。

这类男人，对女孩进行性骚扰时，是研究和掌握了女孩的心理特征后才会动手的。他们觉得青春期的女孩软弱，她们生怕坏了自己的名声，吃了亏不敢出声，于是得寸进尺，利用女性的这些弱点，进一步发展为大胆的性骚扰。

根据调查显示，在公交车或地铁上被骚扰女性的年龄段集中在15岁到25岁之间，而骚扰者的年龄一般在25岁到40岁之间。性骚扰的主要方式有：（1）在车上非常拥挤时故意用身体紧贴女性身体，左蹭右蹭；（2）用手或肘触女性的敏感部位；（3）上下车时趁乱摸女性臀部或胸部；（4）用下身触碰女性，甚至拉开裤链；（5）用语言或其他方式骚扰。60%的被骚扰者在遇到这些情况时，都会默不作声，尽量躲避，只有不到10%的女性会大声斥责对方。当女孩在面对性骚扰时，一定要大声地反抗，不要娇滴滴地东躲西闪。不敢反抗，反而强化了性骚扰者的某种欲望，使其更加放纵起来。

当女孩在公交车上遇到性骚扰的时候，不妨采用下列的招数。

1. 避开，不让他有接触身体的机会。

2. 大声斥责，引起车上其他人的注意，看他在众目睽睽之下还敢不敢有不轨行为。

3. 阻挡，用手把他推远一点。

4. 向旁边的人求助。

5. 教训一下，可用脚狠狠地踹他，或用胳膊大力地撞他，让他知道你不是好欺负的。

女孩们必须要知道，自己遭受性骚扰，丢脸的并不是自己，没有人会因为你的反抗而嘲笑你，相反，勇敢的女孩是让人敬佩的女孩！因此，在任何公共场所如果遇到这类情况，都要想办法引起公众注意。性骚扰者，一般都是害怕见光的人，他们的胆子不大，只要戳穿他们，他们就会迅速地溜走。

遭遇露阴癖

※

女儿曾经告诉我这样一件事，一次，她的一个朋友来上海玩，她们一起乘公交车出去，朋友告诉女儿她们那有很多暴露狂，她碰到过不止一次。女儿很自豪地说，自己还没遇到过这种情况。话说完没多久，女儿就傻掉了，在她们座位旁边，就有一个暴露狂，这让女儿尴尬不已。女儿的朋友却很鄙视地大声说："大家快来看啊，这里有个暴露狂。"这句话引起了周围人的注意，大家纷纷看过来。吓得暴露狂无地躲藏，车一到站，赶紧灰溜溜地跑了。

确实，现在有很多暴露狂，这些人严格说来属于心理变态，其动机的形成，一般产生于早期的性压抑，这种性骚扰者尽管尚未对受害者产生直接和公开的伤害，但会对青春期少女造成很大的心理阴影。

当女孩们遇到这种情况的时候，一定要保持冷静。无论心里有多么紧张，也不要流露出来，因为那只会增强他们心中的快感。有人说遇到露阴癖，女性不应该尖叫，因为这样只会增加露阴者心理上的快感，实际上这种说法并不完全正确。在公共场合，周围人比较多的情况下，尖叫反而会让他逃之夭夭。

作为妈妈，怎样帮助女儿避免遇到露阴癖给自己心理上造成阴影呢？如果孩子知道异性的生理结构，性器官是身体的一部分，异性的生理结构对孩子而言并不那么神秘，而且如果她知道露阴癖是一种心理疾病，那么孩子可能就会把它当作一件小事，而不去介意了。

| 妈妈必读 |

青春期处于生理、心理、社会诸方面从未成熟到成熟、从未定型到定型的急骤变化时期。无论身体、外貌、自我意识、行为模式、交往与情绪特点、人生观等，都脱离了儿童的特征而逐渐成熟起来，更为接近成人。此时，个体容易失去平衡、产生困扰、自卑、不安、焦虑等心理问题，甚至产生不良行为。同时，由于身心的逐渐发展和成熟，个人在这个时期往往对生活采取消极反抗的态度，否定以前发展起来的一些良好本质。

因此，同为女性的母亲，因为自己曾经经历过这一阶段，所以更容易从女性的角度帮助女儿分析和解决困惑，不论是心理上、生理上，还是对人生的态度等，都可以结合自身的经验，帮助女儿加强对自己、对社会以及个人与社会关系的认识。

尊重女儿的隐私

女儿长大后，会慢慢地有自己的秘密，但人的好奇心驱使妈妈想去偷看女儿的秘密。我碰到好多因为偷看女儿秘密被女儿发现而大吵一架的母女。

一位妈妈发现女儿最近变得有些神秘兮兮的，总是一天到晚拿着手机偷偷地躲在房间里发消息。妈妈问女儿，女儿却总说没什么。妈妈出于担心而偷看了女儿的手机，发现里面除了一些同学发来的消息之外，并没有什么其他内容。正当妈妈松了一口气的时候，女儿却回来了，发现妈妈正在偷看自己的手机，女儿大发雷霆，说："太过分了！你太过分了！你怎么能擅自看我的手机！！"妈妈一时尴尬，反问："为什么你的短信我看不得？"女儿气得涨红了脸说："你知道不知道隐私两个字怎么写的？我也有自己的隐私呀！！"

这位苦恼的妈妈找到我，我告诉她首先要为自己的行为向女儿道歉，不要认为自己是妈妈，就不尊重女儿隐私，就算妈妈的出发点只是希望女儿不要被骗，想多了解女儿一些，也不应该通过这样的方式，而是应该与女儿沟通。

毕竟，隐私是每个人都拥有的，并不是指什么不可告人的秘密，而是一些只愿意自己知道的不愿意和他人分享的东西。

成年人拥有自己的隐私，孩子也不例外。随着孩子年纪的增长，她们生活的领域、空间、知识都逐渐地丰富起来。她们的自我意识、自尊心都在不断地增强，她们渴望拥有自己的一片小天地，希望能够保护自己的一方净土。当家长们用她们所无法接受的方式"入侵"她们的领土的时候，她们会感觉受到了侵犯。

很多父母对于自己的隐私是极力维护的，但对于孩子的隐私，却并不懂得尊重。尤其是妈妈，常常容易把女儿当作自己的私有财产，她们没有意识到女儿正在渐渐地长大成人，忽略了女儿也会有自己的秘密。她们用一种自以为是的方式进入女儿的私人空间，比如偷看女儿的手机，翻阅女儿的日记，擅自整理女儿的抽屉。虽然女儿的一些隐私并不是什么不可告人的秘密，但是她们并不喜欢母亲的这种行为。

如果女儿觉得妈妈侵犯了自己的隐私，会产生如下不好的影响。

1. 自信心受到打击

女儿希望有一定的独立性，希望自己的某一领域不受干预，这正是有自信心的表现。做错了事，想偷偷改；学习落后了，想暗自追上去，这也正是不丧失自信心的表现。侵犯她们这方面的隐私，就会无意中打击了她们的自信心。

2. 麻痹了女儿的羞耻心

女儿因为知道羞耻才把某些过失、缺陷看作隐私。随便被揭开、公布、宣扬，孩子起初还会觉得难堪、痛苦，以后便会麻木了。俗话说"破罐子破摔"就是这个意思。

3. 破坏了女儿的人际关系

孩子的一些隐私会涉及同学、朋友，比如与朋友一起活动，但不愿意让别人知道，并约定保密。如果教师和家长知情后，不分青红皂白将事情公之于众，便会招致朋友和同学的怨恨，破坏了孩子与别人的友谊。

4. 失去了女儿的信任，使得亲子关系疏远了

女儿的隐私被侵犯了，家长又不善于补救，其结果必定是女儿对父母反感以及不信任，一旦双方形成隔阂，再想对孩子进行有效教育就困难了。

当然，不能侵犯女儿的隐私并不意味着女儿的事情妈妈都不能过问。每一个妈妈都渴望了解女儿，都渴望走进女儿的内心世界，但是了解的方式是需要技巧的，是要讲究方法的。这应该建立在尊重孩子的隐私权的基础上，让孩子自觉自愿地和你谈自己内心的想法。妈妈要记住，隐私的特点是具有一定的相对性，自己的私事对一些人是隐私，对另一些人可以不是。隐私可以转化，不信任你时是隐私，信任你了可以不是隐私。所以对母亲来说，需要做的是，是赢得女儿对自己的信任，使孩子主动、自愿地披露心中隐私。

妈妈们不妨从以下几点来努力。

（1）日积月累地培植女儿对自己的信任感。

（2）培养女儿与自己交流思想的习惯。

（3）不要找各种理由偷看女儿的手机、日记，更不要私拆女儿的信件。

（4）兑现对女儿的承诺，不能兑现时也得说清缘由，努力赢得女儿的谅解。

（5）承诺为女儿保守秘密，一定要守信，需要揭秘时应动员女儿自己揭，而不是由妈妈代办。

当然，最后妈妈们要记住一点，我们谈的是正常情况下女儿的隐私，如果女儿做了越轨的事、犯法的事，就不再是什么隐私了，而应当讲清是非，予以批评、教育甚至采用必要的处置措施。

与女儿保持适度的距离

※

女儿进入青春期后，有一段时间会与妈妈疏远起来。有一段时间，女儿不喜欢和我说话。以前她总是喜欢跟在我后面，如果我一个人出去玩了，她还会不开心呢。而那段时间里，女儿却很不喜欢我在她的身边，我邀请她一起出去逛街买衣服，她会说已经约了同学一起，我问她学校中的情况，她会不耐烦地说："没什么新鲜事，还不就那样嘛！"以此搪塞过去。

原本我也有些苦恼，以为女儿和我会生疏起来，后来回想自己的青春期，就释然了。

女孩进入青春期，独立意识增强了，会觉得自己和家长之间产生了一条不可跨越的代沟，她们会觉得妈妈的行为和思想都落伍了，会觉得和妈妈一起出去是一件很丢人现眼的事情。她们开始不自觉地躲避母亲，她们将更多的时间花在了和同龄人的接触上，然而她们并不知道自己这样的举动会给家长带来多大的伤害。

还记得《成长的烦恼》中有一集说的是爸爸杰森带儿子麦克去看一场摇滚演出，本来杰森认为这是有助于促进他和儿子交流的一种方式，他努力把自己调整成为和儿子同龄的姿态。演出完毕之后，一个电视台的记者采访他，问他是和谁一起来的，他自豪地说是带儿子来看演出的，并且在镜头前兴奋地摆出和麦克"哥俩好"的样子，谁知这样的举动却让麦克很尴尬。麦克的同学在电视上看到了这一幕，嘲笑麦克说他是长不大的奶娃，竟然十几岁了还和爸爸混在一起。麦克不甘受到同学的嘲讽，尽力冷落逃避爸爸，这让杰森很困惑。

青春期的孩子，或多或少都会有麦克这样的烦恼，他们渴望和家长亲近，但是又觉得自己已经长大成人了，如果还一直和家长粘在一起，会受到伙伴们的嘲笑。而家长们大多也有杰森这样的困惑，他们尽最大的努力去走进孩子们的世界，但往往适得其反，孩子们非但不能接受，反而还会觉得他们很麻烦，打扰了自己的生活。

对此，其实家长要做的，是把握一个"度"的问题。

首先，不要因为孩子的躲避，就大发雷霆或者暗自烦恼。每一个人都是从青春时代走过来的，家长也不例外，试想一下自己的青春时代对于父母的疏离，也就不难理解自己的孩子现在的心情。作为母亲，可以尝试着去了解自己女儿的一些喜好，比如说女儿喜欢的游戏，喜欢的明星，喜欢的音乐，喜欢的电影等，从这些人事物中，感受她们的心情。平时可以"刻意"地在不经意间提到这些名词，比如在吃饭的时候，你可以和女儿说："听说最近的年轻人都喜欢×××，丹丹你喜欢不喜欢呀？"如果女儿说她也喜欢，那么你就可以接着和她讨论一下。如果女儿说不喜欢，他们太幼稚了，那么你也可以顺势说："丹丹，看来你的想法很成熟哦，没有盲目地追星。"诸如此类的对话，并不是教家长谄媚去讨好女儿，这些只是一种打开话题的方式。

其次，家长要懂得，女儿长大了，必然是需要有一些自我空间的。让她们多一些时间接触社会，和不同的朋友出去玩，也未必是一件坏事。如果家长对于女儿的控制太过严格，想随时随地跟随着她们，注意着她们的一举一动，那也是不恰当的。

总而言之，"度"的把握是关键，家长要记住，只要你愿意去尝试，就一定会有收获。

对孩子不要过于苛求

一位朋友的妹妹，原本学习成绩非常优秀，学校每次统考，都是前三名。女孩非常好强，一刻不放松，从来不出去玩，抓紧每一分钟学习，家长也一样，时刻督促着她，希望她能考上重点大学。但有一次模拟考试中，妹妹却失误了，连年级的前50名都没有进入。从此以后，她的妹妹开始变得有些歇斯底里，认为是自己做得还不够好，于是没日没夜地学习学习再学习，不让自己睡觉。直到家长觉得她的状态不对的时候，带她去医院检查，却为时已晚，她的妹妹因为压力过大，最后患上了精神分裂症。

另一位朋友的女儿，成绩很优秀，考上了重点大学，大学里也是年年拿奖学金。女孩早就下定决心要考研，天天起早贪黑地学习，但越接近考研的日子就越紧张，老是觉得同寝室的同学觊觎自己的成绩，于是她的辅导书全部包好封皮，倒着放在书柜里。同寝室的同学说话大声一点，就会被臭骂一顿，有一次，她甚至拿出一把菜刀威胁同学，同学把这件事举报给系里，家长才知道，带女儿去检查，才发现女儿已经患上了狂躁症。

类似的例子听说不止一个，导致悲剧的原因，大多是妈妈对女儿太过严苛。

望女成凤，是每个母亲对女儿的期望，这种期望的出发点本是好的，但妈妈们不能因为期望大，就采取各种苛刻的举动，这样会使孩子压力太大，不堪重负。尤其是在孩子的学习中，过分苛刻和高标准会让孩子的心灵扭曲。不要等到悲剧发生了，再来后悔自己过于严苛。

或许有些妈妈会说，如果不严格要求，孩子就不会好好学习，万一考不上好大学怎么办呢？

学习成绩固然重要，可是心灵的健康胜过一切。一个心智健康的孩子一定会比只懂得追求成绩而压力过大的孩子幸福开心得多。当然，父母在教育孩子时，要给孩子制定相应的目标，但这样的目标要有一定的限度，不能超出孩子的承受力和接受力。孩子毕竟是孩子，学习成绩固然重要，但不是衡量孩子成功的唯一标准，适度才是最好的境界。

不但如此，除了学习之外，在日常生活中，家长也不要对孩子过于苛求。如果强迫孩子报各种各样的兴趣班，孩子明明没兴趣，只是妈妈觉得好，就要去学习，孩子可能会忍气吞声地学，可是这样的学习一点效果也没有。或许在父母的苛求下，孩子出色地完成了任务，可是孩子失去了什么？孩子青春的心灵是否因为这些过分的苛求而变得沉重起来，变得扭曲起来？设身处地地想想，如果自己被父母苛求，那是多么难过的事情啊？

因此，妈妈在教育女儿时，应该经常反问自己：对孩子苛刻吗？我苛刻得合情合理吗？我苛刻的要求对女儿真的有帮助吗？

教育孩子，而不是逼迫孩子，让孩子开心地成长，而不是在不堪负荷的压力下成长。妈妈要用智慧去教育女儿，要从爱孩子的角度去管理女儿。毕竟，如果爱是一种伤害，是一种痛苦的话，这爱就失去了意义和价值！